青少年科学探究与实践

低年级　上册

广西科技馆　编著

广西科学技术出版社
·南宁·

图书在版编目（CIP）数据

青少年科学探究与实践. 低年级 上册 / 广西科技馆编
著. — 南宁：广西科学技术出版社，2024.12
　　ISBN 978-7-5551-2108-4

　　Ⅰ. ①青… Ⅱ. ①广… Ⅲ. ①科学知识—小学—教学参
考资料 Ⅳ. ①G624.63

中国国家版本馆CIP数据核字（2024）第055765号

QING-SHAONIAN KEXUE TANJIU YU SHIJIAN

青少年科学探究与实践 低年级 上册

广西科技馆 编著

图片提供：张祖兴 杨宏智　　　　　　装帧设计：梁 良
责任编辑：吴桐林　　　　　　　　　　责任印制：陆 弟
责任校对：苏深灿

出 版 人：岑 刚　　　　　　　　　出版发行：广西科学技术出版社
社　　址：广西南宁市东葛路 66 号　邮政编码：530023
网　　址：http://www.gxkjs.com

印　　刷：广西民族印刷包装集团有限公司
开　　本：787 mm × 1092 mm　1/16
字　　数：193 千字　　　　　　　　印　　张：10.5
版　　次：2024 年 12 月第 1 版　　 印　　次：2024 年 12 月第 1 次印刷
书　　号：ISBN 978-7-5551-2108-4
定　　价：48.00 元

编委会

主　　任：梁春花

副 主 任：黎　宁

主　　编：黄星华

执行主编：张祖兴

副 主 编：黎　明　李邦模　杨　威　张　洁

编　　委：杜　琳　张　丽　雷剑秋　邱希泽

　　　　　许世梅

前　言

随着国家科教兴国战略、人才强国战略、创新驱动发展战略的深入实施，青少年的科学教育发展成为一体推进教育、科技、人才发展的重要基石。2023年2月21日，习近平总书记在主持中共中央政治局第三次集体学习时强调要加强国家科普能力建设，深入实施全民科学素质提升行动，树立热爱科学、崇尚科学的社会风尚；同时指出要在教育"双减"中做好科学教育加法。同年5月17日，教育部等十八部门联合印发《关于加强新时代中小学科学教育工作的意见》，在深入贯彻习近平总书记在集体学习时的重要讲话精神的同时全面落实中共中央办公厅、国务院办公厅《关于进一步减轻义务教育阶段学生作业负担和校外培训负担的意见》。广西科技馆综合近年来在科普助力"双减"工作中的经验与收获，以《义务教育科学课程标准（2022年版）》提出的核心素养为框架，重点突出探究实践的理念，结合校外科学教育资源，编写了一系列基于青少年科学探究实践的科学教育活动课程。

《青少年科学探究与实践》系列丛书以《义务教育科学课程标准（2022年版）》的学段目标为导向，按小学低、中、高年级3个学段设计系列课程，每个学段包含上下两册，每册各设计12节科学实践课程，方便科普场馆、教育基地和学校开展与科学教育相关的实践拓展课程。在课程内容的编排上，参考了各版本小学《科学》教材的选题，使课程主题与《科学》教材的主题相关联，但又跳出教材内的实验内容或方式，在相关课程主题的基础上进行拓展设计，让学生在科学学习中获得更加丰富的体验与认知，在课程探究中得到更多实践经验，从而形成科学观念，在探究实践中培养科学思维，逐渐养成科学态度与社会责任感。

本系列丛书结合了科学教案与科学教育活动设计中的必要环节，为科学教师或科技辅导员提供从跨学科概念到教学思路的参考。每节课程均在教学目标上提出了4个关于核心素养的要求，在教学流程中梳理了学生技能、思维的培养与探究环节的关系，结合课程资源包的材料，提供了准备材料的精确参数，通过分段式的教学过程设计，把情景设计、思维导图、探究表格和片段实录等融入各个教学环节之中。详细的操作参考有助于教师快速完成实践准备与尝试，每节课程后的总结与分享也能帮助教师反馈和拓展课程。

本系列丛书是广西科技馆发挥科普场馆科教资源优势、配合教育"双减"加大科普资源供给的一个支点。广西科技馆将在实施"走出去"战略的过程中加强与学校科学教育的联系，为教师开展丰富多彩的科学教育活动提供必要的支持和保障，不断提升学生科学素质，全面做好科学教育加法。

　　特别感谢周建中和黄贤群两位老师在本册书编写过程中给予的指导意见与支持。由于编写时间仓促、水平有限，有疏漏之处望读者指正。

目　录

适合年级：一至三年级

实践时间：30 ～ 60 分钟

难度系数：★★

第一课

认识天气情况

跨学科概念：	系统与模型、物质与能量、稳定与变化
核心概念：	地球系统
子概念：	能的形式、转移与转化、描述物体温度的方法

 教学思路

　　本节课的教学重点是让学生通过一些常见的自然现象，认识生活中的天气情况。课程从引导学生绘制当天当地的天气情况图开始，让学生理解天气预报中包含的各种气象信息，认识部分天气图标的含义，最终学会正确使用寒暑表，并完成气象记录手册的记录。课程从实际生活体验出发，引导学生观察、分析天气情况，并通过认识抽象化的天气图标和温度测量工具，对天气情况有更全面而深刻的理解，让学生在潜移默化中学会留心观察实际生活现象，养成思考事物背后所蕴含知识的习惯，体现"生活即教育"的内涵。

 教学目标

一、科学观念

　　引导学生学会使用寒暑表测量和记录气温，并运用测量结果描述天气情况，识别常用的天气符号，理解天气预报用语。

二、科学思维

　　学生通过观察、记录与分析天气预报中的信息，归纳出天气的组成要素，加深对天气情况的认识。

三、探究实践

　　学生学会正确使用寒暑表，认识温度的单位，学习寒暑表的读数。

四、态度责任

　　培养学生有意识地观察天气现象并进行思考，了解天气与生活、学习的密切关系，保持对大自然的热爱和对生活的热情。

教学流程

教学环节	学生技能 / 思维过程	学生探究环节

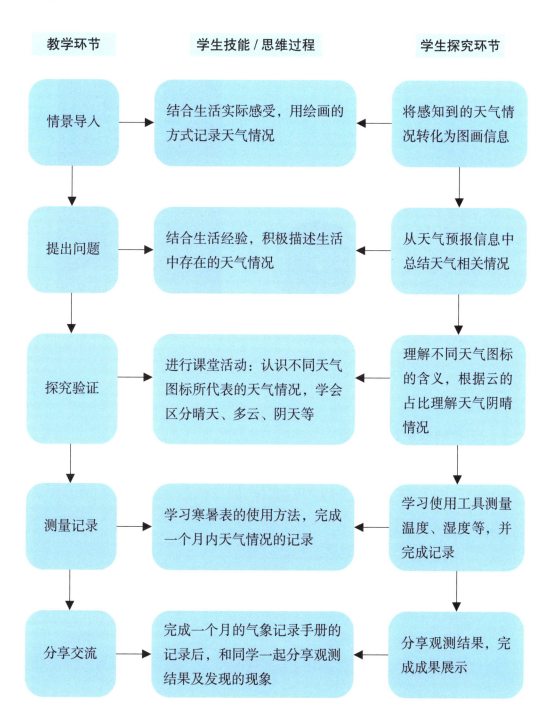

情景导入 → 结合生活实际感受，用绘画的方式记录天气情况 ← 将感知到的天气情况转化为图画信息

提出问题 → 结合生活经验，积极描述生活中存在的天气情况 ← 从天气预报信息中总结天气相关情况

探究验证 → 进行课堂活动：认识不同天气图标所代表的天气情况，学会区分晴天、多云、阴天等 ← 理解不同天气图标的含义，根据云的占比理解天气阴晴情况

测量记录 → 学习寒暑表的使用方法，完成一个月内天气情况的记录 ← 学习使用工具测量温度、湿度等，并完成记录

分享交流 → 完成一个月的气象记录手册的记录后，和同学一起分享观测结果及发现的现象 ← 分享观测结果，完成成果展示

第一课 认识天气情况

教学准备

一、学生实践材料准备

寒暑表　　　　　　温湿度计　　　　　　气象记录手册

二、教师教学材料准备

天气预报图文材料、天气预报视频片段。

教学过程

一、情景导入：情景激趣，引出主题

1. 情景环节设计

情景主题	教师活动	学生活动	设计意图
秋游前的准备工作	引导学生观察当天的天气情况，绘制反映天气情况的图画	感知并描述当天的天气情况，进行天气情况图画绘制	通过一个破冰设计，让学生将对天气的感性认知具象化到图画中，进而引出今天的课程主题

2. 教学板书设计

通过绘画的方式来记录天气情况。

3. 片段实录

师：同学们，如果组织一次秋游，我们需要提前确定哪些信息呢？

生：秋游的时间、地点、交通情况、人数、天气情况……

师：非常好，大家说了很多相关信息。实际上，天气情况一般是我们出行前考虑得最多的因素。请你们设想一下，我们去秋游的那一天，你希望天气是怎样的？

生：多云。（晴朗、有风……）

师：请尝试把你们希望出现的天气情况画在老师准备的纸上。

生：（自由绘制）

师：老师发现不少同学所画的天气情况都不尽相同，能告诉我们你为什么希望是这种天气吗？

教学意图：让学生分享不同的天气选择，梳理学生对同种天气的不同认知，了解不同学生对不同天气的喜好以及对不同天气图标的掌握程度。

第一课　认识天气情况

二、探究实践：认识天气图标，学习测量工具

环节一：观察信息，收集并记录

1. 情景环节设计

情景主题	教师活动	学生活动	设计意图
天气预报中的气象信息	组织学生找出天气预报中的气象信息	在天气预报中，找出不同的描述气象的信息	培养学生收集间接信息及归纳理解的能力，并加深对气象信息的理解

2. 思维导图设计

通过气泡图让学生了解天气预报中的气象信息。

3. 片段实录

师：老师看到大家对出去游玩时天气的喜好不尽相同，但大多数人选择了晴天和阴天。除了晴天和阴天这两种天气，大家还知道哪些天气呢？

生：有下雨、下雪、沙尘暴、雾霾……

师：很好，那么通常我们如何了解未来几天内的天气情况呢？

生：通过手机、电视、报纸……

师：无论是通过哪种媒介渠道，我们都是通过看天气预报提前获得所需要的气象信息。接下来，请你们仔细观看天气预报的片段，一起来找找天气预报中都提到了哪些气象信息。

教学意图：播放天气预报的相关片段，引导学生对天气预报中的气象信息进行收集和记录。

生：包括天气情况、气温、风向、风力、湿度……

师：大家说的都对。天气预报看似很简单，却在寥寥数语中包含着众多气象信息，可以帮助我们迅速了解未来几天的温度、阴晴和风力情况，以便生产活动和日常生活顺利进行。

环节二：认识天气的图标表达

1. 情景环节设计

情景主题	教师活动	学生活动	设计意图
判断图标所代表的天气情况	指导学生正确认识天气图标，知道以云的面积占据天空面积的百分比来判断阴、晴和多云天气	联系实际天气情况，认识天气图标，学会区分阴、晴和多云天气	让学生理解不同天气图标的含义，明白图标来源于实际生活，理解其相关特点和信息，加深学生对生活图标的理解和认识

2. 思维导图设计及片段实录

（1）通过树状图帮助学生分类认识各种天气图标。

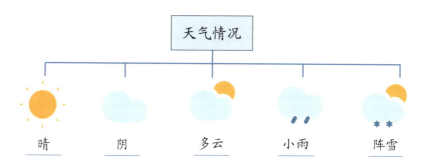

师：刚才的天气预报给了我们许多信息，其中天气情况是对我们的衣食住行影响最大的气象信息。这些天气情况也会直接影响其他的气象要素。太阳出来了，如果有云遮住了太阳，就是多云；如果云层很厚，完全挡住了太阳，就是阴天。那么晴、多云、阴这些天气情况主要影响的是什么呢？

生：光照。

师：如果下雨就意味着降水量增加，空气中的什么就会增大？

生：湿度。

师：如果下雪就会让人感觉很冷，这是影响了什么？

生：温度。

师：很好！同学们已经知道了这些天气情况会影响的气象要素，那么我们就来认识一下相应的天气图标。同学们可以猜一猜，每个图标对应的是什么天气情况。

生：(自由回答)

教学意图：引导学生根据生活经验表达自己对天气图标的认识和理解，共同完成"判断图标所代表的天气情况"课堂活动，给出不同天气相应的正确图标，启发学生思考图标设计的内涵与关联性。

（2）认识不同程度的降水的天气图标。

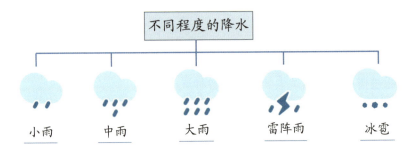

师：天气预报中对湿度影响最明显的天气情况是什么？

生：下雨。(有雾……)

师：那么下雨又和什么有关呢？

生：和云有关。

师：很好。因此我们在天气图标中用云和雨点来表示下雨。(手绘小雨图标)但是我们怎么区别小雨、中雨和大雨呢？

生：是不是多加一些雨点？

师：是的，我们在天气图标中通过雨点的密集程度来区分小雨、中雨和大雨。如果是雷阵雨，我们还可以加上闪电的符号。

（3）认识不同程度的雪的天气图标。

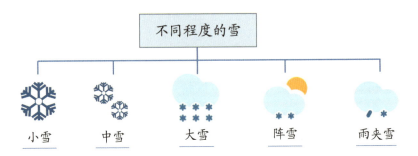

师：当什么出现时，说明天气是真的开始冷了？

生：雪。

师：那下雪的天气图标应该如何表示？

生：我知道，用雪花。

师：很好。雪和雨表达相似，我们用1朵雪花表示小雪，2朵雪花表示中雪，很多朵（6朵）雪花表示大雪。那么老师的问题来了，雨夹雪天气应该怎么用图标表示呢？

生：那就雪花和雨点一起画。

师：很棒！

（4）认识风和雾的相关天气图标。

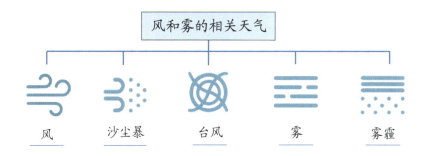

师：接下来学习的是天气预报中与风和雾有关的图标。首先，我们看一下风的图标，是不是像我们在简笔画中对"吹气"的画法？

生：真的有点像。

师：因为风是由于地球的空气流动而产生的，所以我们可以形象地把风理解为气流。我们用3个"横弯钩"来表示风。当风吹起了沙子，那是什么呢？（手绘或展示沙尘暴图标）

生：沙尘暴。（风沙……）

师：很好，有同学知道这个名词，但可能许多同学没有见过真正的沙尘暴。这和我们平时所说的风吹沙扬不一样，沙尘暴产生时风很大，漫天的黄沙在空中滞留相当长的时间。

教学意图：沙尘暴与雾霾都是人类现代化进程中的特色天气，可以根据当下的实际情况选择学生感兴趣的天气展开讨论。

师：当地球上的空气流动相当快速且形成气旋时，台风就产生了，你们看台风的图标，很形象地表示了正在转动的空气。

生：老师，为什么台风总是产生在海上？

师：这个问题非常好。我们说台风是空气快速流动而形成的气旋，而促使空气快速流动的是热带海洋的洋流，因此绝大部分的台风都是在海洋上形成的。有一部叫《完美风暴》的电影就讲述了一个超级大台风，它是由3个台风的气旋叠加在一起形成的。

生：啊？原来台风还可以叠加在一起！

师：是的。今天我们学习的云、雨、风都和海洋有着密切的关系，海洋中大量的水蒸发形成了云，海水流动促使空气流动形成了风，风把云吹在一起形成积雨云，进而落下成为雨。

生：原来风、雨、云处在这样的一个系统里。

环节三：正确使用寒暑表

1.情景环节设计

情景主题	教师活动	学生活动	设计意图
学习使用寒暑表	带领学生利用寒暑表测量温度和湿度	掌握寒暑表的正确使用方法并进行读数	引导学生利用工具测量相关气象要素

2.教学板书设计

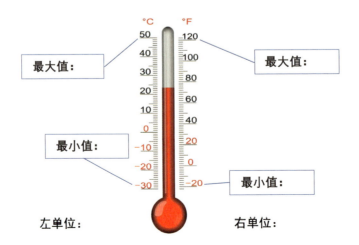

3. 片段实录

师：我们可以通过感官感知如晴朗程度这种较为直观的气象要素，而对于温度和湿度这些无法直接通过感受获得准确数据的气象要素，我们该如何测量和描述它们呢？

生：看天气预报、使用温度计进行测量。

师：没错，除了通过天气预报获取信息，我们还可以用工具对温度和湿度进行实际测量。最常用于测量温度和湿度的工具就是寒暑表。在认识它之前，我们首先要知道，天气预报中播报某地某天"晴，12～26℃"，这里的"12"和"26"分别指的是什么？

生：这一天中最低和最高温度的数值。

师："℃"指的又是什么呢？

生：温度的单位。

师：确实如此。我们对冷和热的感受，一般用温度表示。常用的温度单位包括华氏度（℉）、摄氏度（℃）。不同的国家使用不同的温度单位作为法定计量单位，包括我国在内的世界上绝大多数国家使用摄氏度，世界上仅有5个国家使用华氏度。

师：接下来我们拿出寒暑表，请你们仔细观察寒暑表上都有什么？

生：有温度刻度，还有摄氏度、华氏度符号。

师：我们先看左侧，最下方是常见的温度单位摄氏度（℃），数值最大是50℃，最小是-30℃，相对应的，右侧是华氏度（℉）。你们能描述出右侧如何读数吗？

生：右侧最高温度是120℉，最低温度是-20℉。

师：这表明这个寒暑表只能测量出这个范围内的温度。

师：继续来看左侧的部分，0～10℃之间有多少个小格？

生：10个小格。

师：思考一下，每个小格表示多少摄氏度呢？

生：1℃。

师：我们知道了每个小格代表的含义，自然可以根据寒暑表中红线最高处对应的刻度线读出示数。现在你们能读出左右两侧示数分别是多少吗？

生：（自由回答）

师：老师发现同学们读出的示数都比较接近，但是略有差别。为什么会这样呢？

生：因为每个人的观察角度不同。

师：说得对，对寒暑表的观察角度不同会造成读数有所差异。请大家思考，俯视、平视和仰视3种方式中，哪一种才是正确的观察方式呢？

生：平视。

师：很好。如果我们采取俯视或仰视，在不断改变俯视或仰视的角度时，示数会发生什么变化？（引导学生分别从俯视、平视、仰视的角度，不断变化高低位置观察同一寒暑表，体会读数的差异）

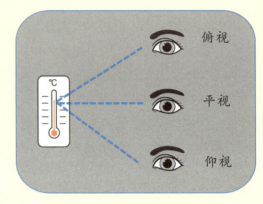

生：俯视和仰视的角度不同，观察到的结果也不一样。

师：视线保持水平时，我们才能较为准确地读出误差较小的示数。请再次平视观察刻度线，测量的结果是多少？

教学意图：引导学生通过正确的观察方式进行读数，感受此时与其他同学基本相同的结果，并与不正确的观察方式所得结果进行对比，体会正确读数的重要性。

生：×℃。

师：大家的读数结果基本相同了，接下来我们练习读出几组寒暑表的示数。（指导学生熟练进行寒暑表读数）

师：寒暑表除了可以测量温度，下方的表盘还可以用来测量相对湿度。相对湿度指的是空气中水汽含量的占比，数值越高表示水汽越充足。表盘上的数字0～100代表不同的百分比。数字0和10之间有几个格？

生：2个小格。

师：每个小格代表多少呢？

生：每个小格代表5%。

师：小格内的部分，根据指针的位置进行大致的估读即可。请正确读出相对湿度的示数。

师：最后给你们布置个任务——观察天气并利用寒暑表测量数据，记录接下来1个月内的天气情况，完成气象观测记录贴。

4. 操作参考

气象观测记录贴示例

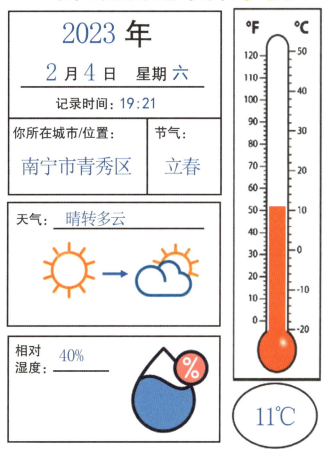

2023 年

2 月 4 日   星期 六

记录时间：19:21

你所在城市/位置：
南宁市青秀区

节气：
立春

天气：晴转多云

相对湿度：40%

11℃

小贴士：提醒学生 1 个月内每天在同一时刻同一地点记录温度和湿度数据，观察一段时间内各项气象要素的变化。

课程总结与分享

一、评介与总结

认识天气情况的课程与其他科学观察类课程最大的不同在于观察的结果。学生在观察天气后进行的定量与定性描述可以参考天气预报这一标准，及时对自己的观察结果进行判断。当然，对低年级学段的学生而言，在观察能力上的要求还没有那么高，主要培养学生持续观察并做记录的习惯。作为低年级学段开篇的引导课程，本课程大部分内容以传授知识为主，配合思维导图来分组学习，有益于帮助学生构建自己的知识树，让他们懂得如何进行知识的分类和梳理。教学上需要采取多种手段加强与学生的互动，特别是在正确使用寒暑表进行读数这一环节，引导学生多进行操作体验。

二、实践与拓展

在课时富余的情况下，可以通过收集学生的气象观察记录本及后续的月天气统计表来拓展新的课程。不论是延长观察时间，还是举办关于气象观察的小展览，都可以帮助学生学会初步统计数据和简单推论并进行表达与分享。

三、改进与优化

在条件允许的情况下，准备多种型号的寒暑表及多种种类的温度计，引导学生观察各类温度计的应用场景，培养学生的观察意识，丰富他们在科学工具使用上的生活实践经验。

适合年级：二至三年级

实践时间：40 ～ 50 分钟

难度系数：★ ★ ★

第二课

自制温度计

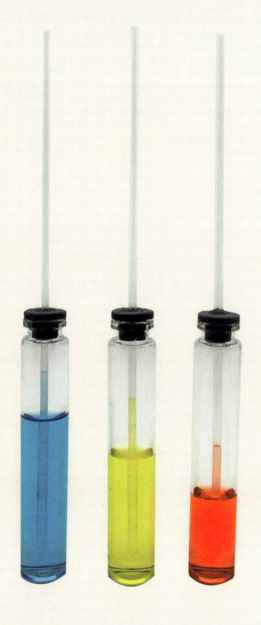

跨学科概念：	结构与功能、稳定与变化
核心概念：	物质的结构与性质
子概念：	空气与水的特性、热胀冷缩

 教学思路

　　本节课的教学重点是让学生体验并制作一件常用科学实验工具——温度计。课程从提问学生如何判断水的冷与热开始，引导学生使用温度计来描述温度，对不同温度进行比较，通过观察温度计在测量时的现象理解温度计中蕴含的热胀冷缩原理，再运用所学的科学原理辅以提供的实践材料进行简单温度计的设计、制作和调试。课程从工具的使用出发，引导学生观察和理解物质的某种特性，再利用物质的特性来设计和制作出一个工具成品，并对成品进行测试与改进，让学生对工程设计有初步的认识，获得像工程师一样开展工作的活动体验。

 教学目标

一、科学观念

　　引导学生通过观察实验中温度计测量冷与热的现象推论出液体热胀冷缩的性质。

二、科学思维

　　学生通过了解液体热胀冷缩的性质在温度计中的工作原理，观察、归纳出温度计的特点。

三、探究实践

　　学生学会正确使用温度计测量并描述温度，制作一个简单的温度计，并能根据实际效果对温度计进行改进。

四、态度责任

　　让学生观察生活中利用热胀冷缩原理工作的类似物品或工具，激发学生的好奇心及对生活现象的探究热情。

教学流程

教学环节	学生技能 / 思维过程	学生探究环节
情景导入	基于冷热温度的体验，感知认识不同温度的差异性	结合实际感受，积极表达观点
提出问题	从对不同温度的不同描述入手，引导学生正确使用温度计的测量数值来统一表达温度	学会正确使用温度计进行测量
探究验证	通过观察温度计的测量现象，推论出温度计蕴含的热胀冷缩原理并加以验证	如何在测量观察中发现现象差异并推论
设计制作	观察温度计的特点，利用其工作原理设计出温度计模型并使用相关材料进行制作	如何使用材料实现温度计的气密性设计与制作
分享交流	分享温度计制作过程的差异与得失，并对如何优化精确测量结果提出自己的想法与意见	如何从别人的分享中获取有利于自己改进的信息
总结启发	回顾温度计的使用方法和工作原理，找一找生活中是否有相似的物品及性质	回顾相关方法与知识点，寻找生活中的应用

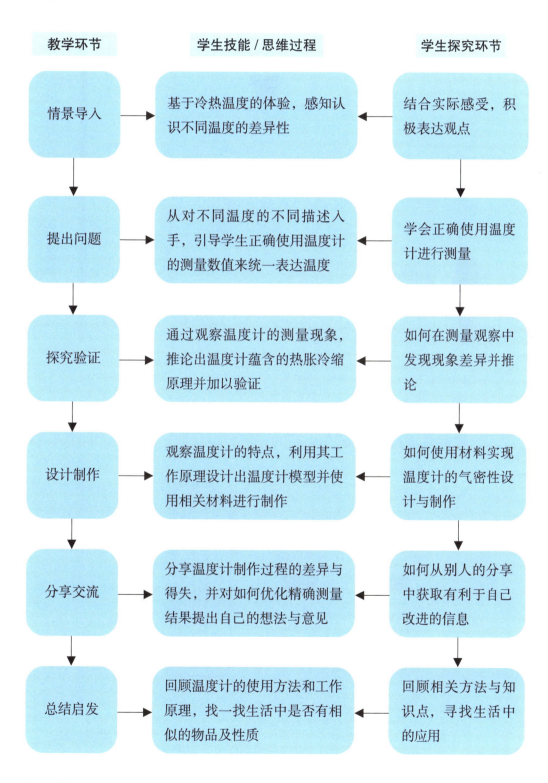

教学准备

一、学生实践材料准备

透明塑料杯 2 个

红色色素 1 瓶

30 mL 西林瓶 1 个

2 mL 塑料滴管 1 支

透明细吸管 1 支（直径 0.6 cm × 长 23 cm）

二、教师教学材料准备

冰、常温、热 3 种温度的水

寒暑表

煤油温度计

教学过程

一、情景导入：观察现象，发现问题

1.情景环节设计

情景主题	教师活动	学生活动	设计意图
温度体验游戏	引导两名学生各伸出一只手,分别放入热水和冷水中,过一会儿把手从水中拿出,再同时放入常温水中,比较两只手对常温水的感觉	体会不同情况下人体对同一杯常温水的感受,体会温差的感觉	通过温差游戏,让学生体会到凭感觉判断物体的冷热程度并不准确,形成认知冲突,引出"温度计"主题

2.教学板书设计

3.片段实录

师：老师这里有3杯水,你们觉得它们是热水还是冷水呢? 你将如何利用感觉器官找出答案呢?

生：用眼睛看、用皮肤感觉。

师：接下来我们通过一个实验来找出答案。

教学意图：提前在桌子上放1杯热水、1杯常温水和1杯冰水。请两名学生到讲台上,学生A将手指放入热水中,学生B将手指放入冰水中,等待5秒,然后让两人同时将手指拿出并放入常温水中,比较两名学生将手指放入常温水中后的反应。注意热水温度不应超过50℃,以免造成烫伤。

师：中间这杯水是热水还是冰水?

生A：冰水。

生B：热水。

师：为什么他们对同一杯水会得出不同的感受呢?

生：（自由回答）

师：我们通过一个视频了解一下。（播放错觉视频）

师：原来，两位同学的手指先放入了不同水温的水杯中，手指皮肤适应并习惯了各自所在的温度环境，大脑就会记住当时的感觉。学生 A 的手指习惯了热水的温度，再放入温度较低的常温水中时，就会感觉它是冰水。学生 B 的手指习惯了冰水的温度，再放入温度较高的常温水中时，就会感觉它是热水了。这表明我们通过触觉感受温度并不准确。你们有什么好的方式来测量温度吗？

生：温度计。

二、探究实践：认知检验，设计制作

环节一：温度计的结构描述并分类

1. 情景环节设计

情景主题	教师活动	学生活动	设计意图
识别不同温度计	组织学生对不同的温度计进行对比观察并引导提问	观察不同温度计的差异	重点让学生从观察中学会比较，并按一定次序表述观察中发现的异同
认知热胀冷缩的现象	引导学生观察使用温度计测量冷水和热水时液柱的变化	使用温度计测量水温并观察液柱变化	通过观察温度计液柱变化引出热胀冷缩概念，以解释温度计的工作原理

2. 思维导图设计

通过气泡图帮助学生认识温度计的基本结构或要素，以便其进一步观察和比较异同时提高描述的有序性和统一性。

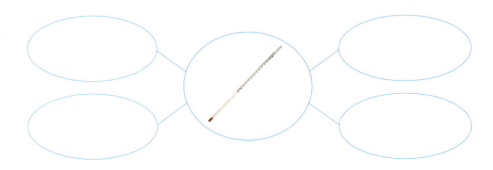

3. 片段实录

师：不错，看来你们对温度计都有了一些了解，那你们都见过什么样的温度计？都是用来干什么的呢？

生：我见过玻璃的，用来量体温的。（我家里有电子温度计，也是量体温的……）

师：很好，温度计有不同的种类和用途，其中电子温度计比较方便快捷，玻璃温度计更精准一点。本节课我们探究的对象就是玻璃温度计。谁能描述一下，玻璃温度计长什么样子？

生：细长形状，是透明的，上面有刻度，中间有一条细细的线。

师：玻璃温度计主要分为水银温度计和煤油温度计。水银温度计是专门用来测量体温的，煤油温度计是用来测水温、室温的。它们的不同点是水银温度计的液柱升高后不会自动回落，而煤油温度计的液柱会随着温度的变化而变化。（展示水银温度计和煤油温度计的图片）虽然它们用途不同，但是工作原理是一样的，这节课我们就以煤油温度计为例来认识玻璃温度计。谁来说一说如何用这个温度计测量热水的温度？（拿出煤油温度计进行演示或利用温度计测量视频进行介绍）

生：看里面红色液柱的高低。

师：是的，随着温度的变化，温度计中红色液柱的高低也会发生变化。你们觉得温度计分别放入热水和冰水中时会发生什么变化？

生：放入热水时，液柱升高；放入冷水时，液柱降低。

师：老师有一个问题，玻璃柱是密闭的，说明里面的煤油是不会增多或减少的，为什么液柱会升高或降低呢？

生：（自由回答）

师：我们知道温度计里的煤油的量是固定的，放在温度高的环境中红色液柱升高，是不是说明它变大了？

生：是。

师：那红色液柱降低呢？

生：它变小了。

师：不错，液面升高说明液体发生了膨胀，因此变得更大；液面降低则说明它发生了收缩，因此变得更小。这就是液体的热胀冷缩。温度计里的煤油受热体积增大，遇冷体积缩小，就会在玻璃柱中显示出不同的高度。

环节二：温度计的正确使用方法

1. 情景环节设计

情景主题	教师活动	学生活动	设计意图
正确使用温度计	指导学生正确使用温度计	学习温度计的正确使用方法及在使用过程中的注意事项	加深学生对温度计相关知识的认知与理解

2. 教学板书设计

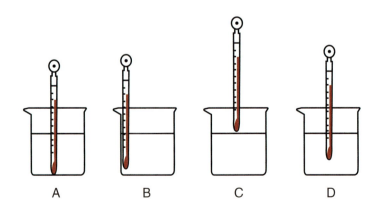

A   B   C   D

3. 片段实录

师：拿出我们材料包中的煤油温度计，谁来说一下如果要用这个温度计测量一杯水的准确温度应该如何操作？

生：（自由回答）

师：首先，我们该怎么拿温度计呢？

生：不能拿着下方的测温部分。

师：没错，我们应该手持温度计上端。接下来要注意的是测量方法，在测量水的温度时温度计应该怎么放呢？这里有 4 种方法，你们觉得哪一种正确呢？（展示教学板书设计图片）

生：第一个温度计碰到杯子底部了；第二个温度计挨着杯子侧面了；第三个温度计没有浸入液体中；第四个温度计测量的是液体内部温度，且不受杯子的影响。

师：非常好，那么我们该如何进行读数？

生：平视。

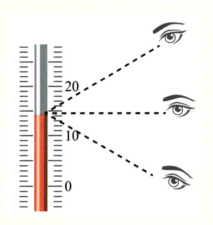

师：对，在读数时要平视温度计的刻度，俯视和仰视都会造成读数误差。（允许学生离开座位以达最佳平视效果）请总结一下注意事项。

生：测量的时候温度计不能碰到杯子，温度计要浸入液体中，读数的时候要平视。

环节三：设计与制作温度计

1. 情景环节设计

情景主题	教师活动	学生活动	设计意图
根据热胀冷缩原理，制作温度计	带领学生利用材料制作温度计	理解热胀冷缩原理，利用材料包材料自制温度计	引导学生根据对热胀冷缩原理和材料的理解制作温度计，考查学生结合生活材料、利用工具进行作品实践的能力

2.教学板书设计

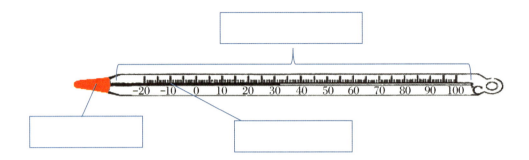

3.片段实录

师：刚才我们通过观察了解到，煤油温度计包括外部细长的玻璃管和内部的煤油。我们该如何自制一个类似的温度计呢？

生：西林瓶细长，可以充当温度计的玻璃管部分；水可以充当煤油。

师：煤油温度计中有红色液柱，为了便于观察，我们可以用什么来制作？

生：红色色素和水。

师：很好，但是如果将这样简易的温度计直接放入水中，你们觉得它内部的液柱会升高或降低吗？为什么呢？

生：不会。因为热胀冷缩程度有限，现象并不明显。

师：那么该如何改进呢？

生：（自由发言并测试）

师：你们仔细观察会发现，煤油温度计内部的液柱其实是非常窄的，这样的好处是当液柱感受到温度的变化而发生热胀冷缩时，液面高度会发生明显的变化。你们温度计里的液柱是不是太宽了？该如何改进？

生：加个细液柱。（加吸管⋯⋯）（引导学生完成温度计的制作并将自制温度计放入温水中进行简单测量，要求能够明显观察出细液柱的变化）

4. 操作参考

第一步：调制测温液。

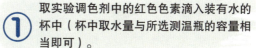
① 取实验调色剂中的红色色素滴入装有水的杯中（杯中取水量与所选测温瓶的容量相当即可）。

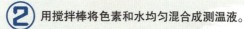
② 用搅拌棒将色素和水均匀混合成测温液。

小贴士：调配测温液的颜色时可以多放入一些色素，让颜色显得深一些，以便学生后续在对比实验中进行观察。

 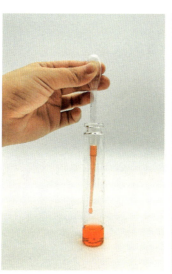 

③ 用滴管小心地将测温液加入测温瓶（西林瓶）中。添加测温液时可以留一定的空间，不需要装满。

第二步：安装读数柱。

① 使用 5 号铁钉在胶塞上打一个小孔。为使吸管易于穿过，可以用铁钉反复打孔几次。

② 将胶塞盖于瓶口处，将吸管穿过胶塞插入瓶中。

③ 吸管浸入测温液的部分不宜触到瓶底，应与瓶底保持一段距离。

第三步：测试与调试温度计。

① 取一杯刚煮沸的热水进行测温。

小贴士：取刚煮沸的热水是为了保证温度计测量上限设置的严谨性，但同时需要强调取沸水时的安全操作，避免烫伤。可根据学生和课堂情况改用温水。

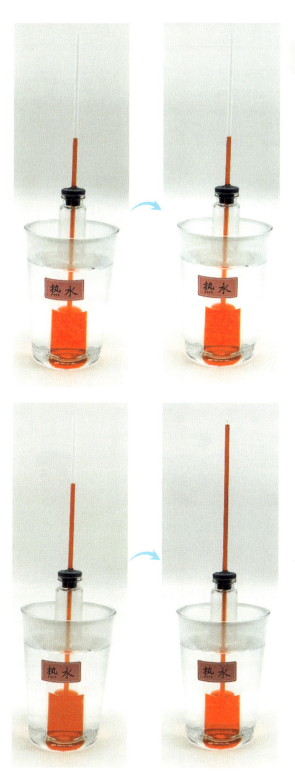

 把自制温度计小心放入热水中，观察测量结果。

使用热水测温是为了让测温液出现溢出现象，以便进行下一步的探究设计。如果用温水测温，也可以通过使用短吸管或调节吸管插入测温液的深度来达到相似的效果。

③ 以上 4 幅图展示的是热水温度的测量过程，可以引导学生观察温度计测量过程并记录或描述。

第四步：关于测温调试的探究实验设计。

提出问题：在相同温度下，如何控制读数柱中的测温液不溢出？先让学生提出可能产生影响的因素，选择其中之一进行验证。

设计好假设变量的探究表格，引导学生提出猜测并进行实验，观察后记录实验结果。

序号	水位情况	猜测现象	实验现象
1	达瓶身一半		
2	达瓶身 2/3		
3	满瓶		

情况一：
倒入达瓶身 2/3 的测温液进行测量实验，引导学生观察并尝试解释现象，可以引入气体热胀冷缩的概念。

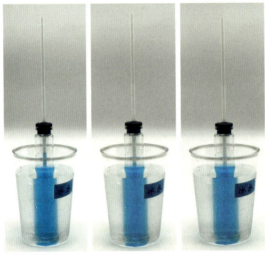

情况二：
倒入满瓶测温液进行测量实验，引导学生提出更好的改进方案。

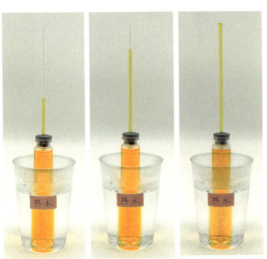

第五步：工程设计与物化的拓展设计——如何标注出准确的刻度。

提出问题：在正常读数的情况下，如何让温度计更加精准地测出水的温度？引导学生设计一个方案，为自己的温度计标上刻度。

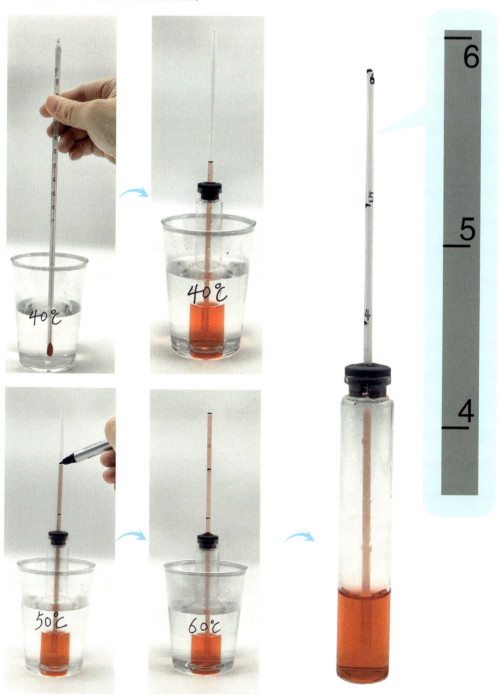

方案思路：先用煤油温度计量取 40 ℃、50 ℃、60 ℃ 3 种不同温度的水，再用自己做的温度计分别测量并在吸管上标记出刻度，这样就可以得到能读出一定温度范围的温度计了。

课程总结与分享

一、评介与总结

自制温度计作为一类简单装置的模拟制作课程，主要通过模拟工艺与原理进行制作来让学生更好地理解装置的工作原理。温度计是一种常用的科学测量工具，本节课首先让学生学会正确使用温度计进行测量与读数，在使用温度计的实践中引出关于温度计工作原理的思考，让学生在制作温度计的过程中能带着思考去观察热胀冷缩现象，从而理解温度计是如何利用这个原理进行工作的。同时，打破习惯认知，通过实验体会到，对身体的感觉而言，冷与热是相对的，而且这种相对性也会影响温度计的热胀冷缩现象。

二、实践与拓展

根据制作简单温度计时工艺的局限性提出自制温度计的有效测量范围与精准度的问题，引导学生选择不同的变量进行探究。也可以按照 STEM 课程的设计思路提出一个完整的温度计设计方案并加以实施。

三、改进与优化

在条件允许的情况下，可以尝试用不同的液体替代水，同时设计一个针对吸管的气密装置，让自制温度计的有效测量范围更接近于真实温度计，且具备一定的精准度。

适合年级：二至三年级

实践时间：30 ～ 50 分钟

难度系数：★ ★ ★

第三课
自制风向标

跨学科概念： 物质与能量、系统与模型、结构与功能

核心概念： 地球系统

子概念： 天气、风力与风向、天气符号

教学思路

本节课的教学活动设计是将科学常识、生活现象和工程技术融合在一起。学生将结合实际生活经验，学习和了解风力与风向及相关符号的含义。通过剖析风向标的结构组成，了解风向标各部分的主要特点和功能，然后利用生活中常见的材料完成自制风向标。通过对结构的学习和对材料的加工，提升学生分析问题和解决问题的能力。在这个过程中，学生将模拟工程师的工作思维和工作流程，体验工程设计的过程，并通过实践来加深对科学原理和技术应用的理解。

教学目标

一、科学观念

引导学生认识能够测量风速和风向的仪器，识别常用的风力、风向符号。

二、科学思维

学生通过观察不同风向下风向标的摆动情况，在实践中进行测量、分析，概括出风向标的使用方法和判断依据。

三、探究实践

组织学生对提供的风向标材料进行讨论，通过对风向标结构的拆解认识，完成风向标的制作。

四、态度责任

让学生在学会判断风向后积极在学习生活中展开运用和实践，体会到制作风向标的喜悦感和成就感，形成尊重他人、认真倾听、敢于发表意见的学习习惯。

教学流程

教学环节	学生技能 / 思维过程	学生探究环节
情景导入	从天气预报中获取与天气相关的信息	培养寻找有效信息的能力
提出问题	认识风力、风向符号，了解风向的判定依据	讨论风力、风向的定义及作用
探究验证	观察、分析风向标的结构组成及可实现功能	讨论风向标的各个结构及功能
设计制作	按照流程制作风向标的各个结构部件	使用材料完成风向标各部件调试
交流研讨	测试并分析自制风向标使用的情况，体会风向标指向原理	交流评价制作的作品
总结启发	回顾风力、风向知识，总结风向标原理	总结现象和知识点

教学准备

一、学生实践材料准备

自制方位贴纸 1 套

定位针 1 枚

彩色回形针 1 枚

彩色硬卡纸 1 张（15 cm×21 cm）

方形奶茶瓶 1 个（瓶盖打孔）

指南针 1 个

透明胶带 1 卷

彩色粗吸管 2 根（直径 1 cm× 长 23 cm）

彩色细吸管 1 根（直径 0.6 cm× 长 23 cm）

剪刀 1 把

橡皮泥 1 包

二、教师教学材料准备

视频材料（天气预报视频、风向标原理视频）、其他展示器具。

教学过程

一、情景导入：观察现象，发现问题

1.情景环节设计

情景主题	教师活动	学生活动	设计意图
观看天气预报，获取有效信息	播放视频，提醒学生从天气预报中可能获得什么有用的气象信息，引出相关主题	找出天气预报中相关的气象信息，激发探究的兴趣	通过生活中常见现象的导入，帮助学生有意识地在天气预报中筛选和获取有效信息，引出探究重点——风力和风向

2.思维导图设计

用气泡图记录天气预报中的信息。

3.片段实录

师：我们都知道天气预报能使我们的生活更加便利，大到帮助我们更好地安排学习、工作和生活，小到为我们提供出行依据。那么，天气预报中究竟都有哪些有效的信息呢？接下来请你们仔细观看一段视频，找出有效信息。（播放天气预报视频片段）

生：城市名称、天气情况、时间、风力、风速、气温等。

师：没错，一个地区未来一段时间内的天气情况以及气温变化和风力风向的具体情况就是天气预报所要告诉我们的。通常天气情况表现出来的阴晴雨雪我们一看便知，气温的高低我们也可以直观感受，但是风力和风向要如何判断呢？对于这个熟悉又陌生的风，我们今天就来好好地了解它。

二、探究实践：认知检验，设计制作

环节一：探风定位

1. 情景环节设计

情景主题	教师活动	学生活动	设计意图
风向小游戏	组织学生进行确定风向的小游戏	参与风向小游戏，理解"东、西、南、北"在用于确定具体方向时相较于"前、后、左、右"的优势	联系生活，让学生了解在平面上定位"东、西、南、北"与"前、后、左、右"的关系，强化学生对风向的定义逻辑的理解

2. 教学板书设计

3. 片段实录

师：我们在看天气预报时，通常会听到类似"北风2～3级"的描述，它们分别对应的是风向与风力。我们可以用指南针辨别方向，但如何辨别风的方向呢？

生：（自由回答）

师：首先，我们得知道如何定义风的方向。举两个例子，红旗会顺着风的方向飘动，假如红旗往右飘，风是从右边吹来的还是从左边吹来的？如果风吹着纸片往前飞，风是从前面吹来的还是从后面吹来的？

生：红旗往右飘，风从左边吹来；纸片向前飞，风从纸片的后面吹来。

师：那么我们认为风吹来的方向就是风向。注意，是风吹来的方向。从左边吹来的风，是什么风？从后方吹来的风，是什么风？

生：左风；后风。

教学意图：设计一个找方位的小游戏。让学生散乱站开，使学生处于不同方位。在某一方位（如东边）用纸板扇动空气产生风，让学生判断风向，从而发现当用"前、后、左、右"定义风向时，每个人定义的风向都有所差异。再引导学生统一用"东、西、南、北"来定义风向，就可以得到统一的答案。

环节二：了解风力、风向符号

1. 情景环节设计

情景主题	教师活动	学生活动	设计意图
了解风矢和风力等级	带领学生认识风矢，科普不同风力等级特点	学习解读风矢，明确实际风力等级特点；完成相应练习	深化风力相关探究：解读风矢时，通过了解部分元素的定义，融合已知的风向知识判断风矢所表示的风力与风向

2. 教学板书设计

注：风杆头部所指方向，指示风吹来的方向，即风向。

3. 片段实录

师：风力和风向通常可以用一个符号来表示，这个符号叫作风矢。（展示图片）风矢分为风杆和风羽两个部分。风杆包括头部和尾部，头部所指方向是风向。你们觉得风羽有什么含义呢？

生：表示风力大小。

师：非常好，风羽代表了不同的风力等级。长横线代表 2 级风力，短横线代表 1 级风力，三角形代表 8 级风力。你们能根据图中的风矢来判断它表示的风力大小吗？如果再加上风向呢？

生：好难啊。

师：不要着急，我们首先来确定风向。根据刚才我们学习的方位坐标是否可以轻松判断出这些风矢所代表的方向？

生：是的，分别是西、东北、南、北。

师：接下来我们计算一下风力。长横线代表 2，短横线代表 1，那么 1+2 等于多少？两长一短就是 2+2+1 等于多少？

生：3 和 5。哦，我好像明白怎么算了。

教学意图：此环节先引导学生从风羽的定义出发，读出练习中风矢所代表的风力等级，再结合风杆所指风向，引导学生读出风矢所包含的关于风力、风向的信息。根据学生学习情况，适当介绍不同等级风力下陆地地面物象。

4. 拓展阅读

蒲福风力等级表

风力等级	名称	风速		陆上地物征象	海面征象
		米/秒	千米/时		
0	无风	0～0.2	<1	静，烟直上	平静
1	软风	0.3～1.5	1～5	烟能表示风向，但风向标不能转动	微波
2	轻风	1.6～3.3	6～11	人面感觉有风，树叶微响，风向标能转动	小波
3	微风	3.4～5.4	12～19	树叶和微枝摇动不息，旌旗展开	小波加大
4	和风	5.5～7.9	20～28	能吹起地面灰尘和纸张，树的小枝摇动	小浪
5	劲风	8.0～10.7	29～38	有叶的小树摇摆，内陆的水面有小波	中浪
6	强风	10.8～13.8	39～49	大树枝摇动，电线呼呼有声，张伞困难	轻度大浪
7	疾风	13.9～17.1	50～61	全树摇动，迎风步行感觉不便	轻度大浪
8	大风	17.2～20.7	62～74	折毁微枝，迎风步行感觉阻力甚大	中度大浪
9	烈风	20.8～24.4	75～88	建筑物有小损（烟囱顶盖和平瓦移动）	狂浪
10	狂风	24.5～28.4	89～102	陆上少见，有时可使树木拔起，建筑物损坏较重	狂涛
11	暴风	28.5～32.6	103～117	陆上很少见，有则必有广泛损坏	特强狂涛
12	飓风	32.7～36.9	118～133	陆上绝少见，摧损力极大	海浪滔天

环节三：解构认识真实风向标

1. 情景环节设计

情景主题	教师活动	学生活动	设计意图
认识真实风向标结构	引导学生认识风向标，并通过思维导图自主解构风向标的组成部分	了解风向标的组件与作用，根据自己的理解来划分其结构	学生通过观察风向标并填写思维导图，自主解构真实风向标的组成部分，有助于下一个环节使用材料进行制作

2.思维导图设计

通过气泡图来认识风向标的结构。

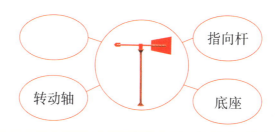

```
    （      ）          指向杆

    转动轴              底座
```

3.片段实录

师：刚才我们学会了根据风矢来判断风力与风向，也了解了通过地面物象来判断风力大小。那么，风向该如何测定呢？

生：（自由回答）

师：我们想了解风向的时候，可以通过观察身边的事物来判断，但是如果风很小，我们就无法观察到。有一种专门用来检测风向的工具叫风向标。我们可以先观察这个风向标的构造，试着用你们的语言来描述各个部分的结构，并猜一猜它们的功能。

教学意图：让学生通过自行解构风向标来深化对其作用的认识和体验，有助于强化后续制作风向标时的细节把控。学生不需要精准写出指向杆、转动轴、底座等结构名称。

生：风向标上的指针指向哪个方向就代表风向是什么。

师：很好。为什么风向标可以一直指向风吹来的方向呢？风向标的上部是一支形状不对称的箭，重心固定于垂直轴上。在箭头及箭尾均受风的情况下，由于箭尾受风面积比箭头大，会对空气流动产生较大阻力，使整支箭顺着风转动到一个让自身受力平衡的方向，此时箭头指向风的来向。（可以播放风向标原理视频）

环节四：制作风向标

1.情景环节设计

情景主题	教师活动	学生活动	设计意图
制作风向标	引导学生根据风向标特点分析现有材料并制作风向标，利用吹风机帮助学生进行测试	按照一定顺序制作风向标，完成后测试并改进	引导学生对比了解风向标的结构后开展制作，考验学生结合生活材料、利用工具进行作品实践的能力

2. 片段实录

师：接下来我们用吹风机来测试一下大家制作完成的风向标，看看哪些风向标能正常工作。我们又能如何改进我们的风向标呢？

生：老师，怎么样才算正常工作？

师：首先是看它的灵敏度如何，其次看它能否持续工作。

教学意图：通过测试，让学生了解风向标底座稳固、不易被风吹倒的必要性以及转动轴衔接处足够灵活的重要性。注意保证指向杆箭尾受风面积。制作设计采取开放的方式，对每一样材料的规格不作要求，通过测试实践的方式让学生反推制作中能够进行改进的地方，从而真正理解风向标结构的意义和作用。

3. 操作参考

第一步：贴方位标记。

在方形奶茶瓶瓶身上按"上北下南左西右东"的原则贴上方位贴纸。

第二步：安装底座。

用蓝色色素调1杯蓝色水倒入瓶中，并拧紧瓶盖。

第三步：安装转动轴。

① 将粗吸管穿过瓶盖的圆孔插入瓶中并触到瓶子底部。

② 使用橡皮泥捏出一个豆子状的泥团，小心塞入粗吸管上端，泥团至少留 1/3 露在吸管外。

第四步：安装转向杆。

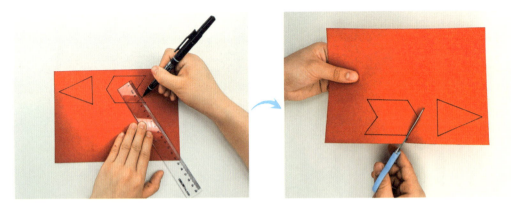

① 使用笔和直尺在硬卡纸上画出风向标的箭尾与箭头，并用剪刀将它们剪出来。

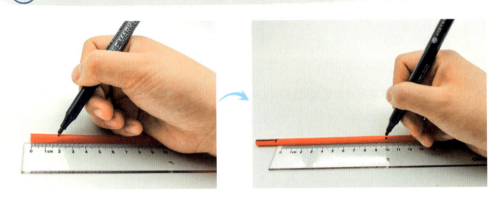

② 使用直尺在细吸管两端分别量出一段 2 cm 的长度并用记号笔做 T 字标记。
注意使两端的 T 字在同一直线上，同时在此直线上标记出细吸管的中点。

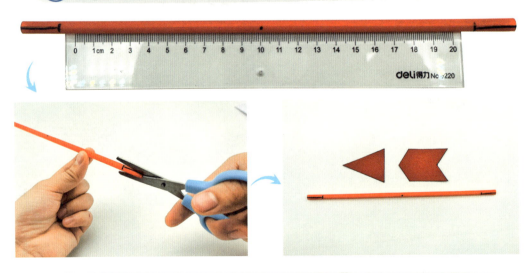

③ 使用剪刀沿标记将细吸管剪开，与此前剪好的箭尾和箭头一起备用。

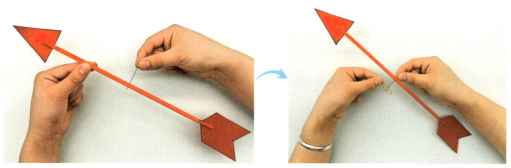

④ 把箭尾和箭头分别卡入细吸管被剪开的缝隙内。

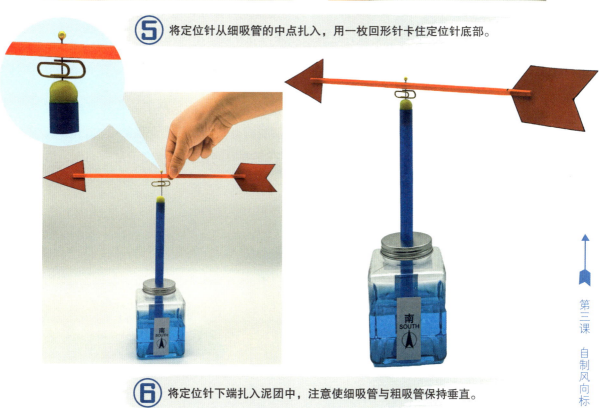

⑤ 将定位针从细吸管的中点扎入，用一枚回形针卡住定位针底部。

⑥ 将定位针下端扎入泥团中，注意使细吸管与粗吸管保持垂直。

课程总结与分享

一、评介与总结

风向标的制作很容易上成一节安装拼搭课程，而且传统风向标设计中的方位仪所要求的手工精度较高，对低年级学段学生而言有不小的制作难度。改进了设计的风向标把基座与方位仪统一到一起，大大降低了制作难度。在制作过程中，影响风向标箭身灵活转动的连接部分是整个制作的核心部分。为了引导学生动手制作而不仅仅是安装，在课程设计过程中尝试过使用超轻黏土、橡皮泥、油性黏土等材料进行试验，最终选择了橡皮泥，因为其干燥后的稳定性及在旋转阻尼结构中的平衡性较好。认识方位是本节课的重要任务之一，通过对风向标进行制作和使用，学生能更容易理解方位在日常生活中的重要性，特别是在气象化工、矿区开采、农业生产、油田勘探、风力发电等行业中的应用。

二、实践与拓展

在测试风向标的精确度时，可以根据学生遇到的不同情况提出改善指向杆灵敏度的建议，引导学生对影响风向标灵敏度的变量进行探究，适当情况下可以从箭头与箭尾配重、指向标长度、定位针连接的摩擦力等方面给出探究方向。

三、改进与优化

风向标的课程设计试图向 STEM 课程的模式靠拢，因而选择了一些开放式的材料，降低了制作的精度和动手的难度，以期摆脱固有制作安装类课程的模式。但是，开放式材料的使用在实际的测试过程中还存在需要时间硬化或精度不足等问题，后续仍需进行更多尝试与改进。

适合年级：一至三年级

实践时间：30 ～ 40 分钟

难度系数：★★★

第四课

平衡大师

跨学科概念：	物质与能量、稳定与变化
核心概念：	物质的运动与相互作用
子概念：	重力、重心、重心位置的变化

教学思路

本节课的教学重点是让学生知道物体存在重心，认识重心位置的变化与物体稳定性的关系。引导学生通过观察生活中的各种实例，发现重心位置越低物体越稳定的规律；再对走钢丝的杂技演员的重心进行分析，理解降低重心位置可以使走钢丝系统更加稳定；进而举一反三，完成作品的制作与测试。课程从认识物体的重心出发，通过分析生活实例，引导学生发现重心位置与物体稳定性之间存在的关系，再结合实际应用场景进行深度分析，引导学生学会利用模型解释科学现象，最终完成作品的制作与应用。

教学目标

一、科学观念

学生通过体验与分析实例的重心位置，逐步形成"重心位置越低，物体越稳定"的认知。

二、科学思维

学生通过分析重心位置与物体稳定性之间的关系，举一反三地理解杂技演员保持平衡的原理。

三、探究实践

学生通过调整回形针的位置和数量，适当降低造型卡纸的重心位置，使其更加稳定。

四、态度责任

让学生在好奇心的驱使下积极主动地探究重心位置与物体稳定性的关系，更加乐于观察生活现象，分析其背后的原理。

教学流程

教学环节	学生技能 / 思维过程	学生探究环节
情景导入	观察生活中常见的规则物体，结合实例体验感受重心的存在	结合生活认知，理解重心的概念
实例分析	在理解规则物体重心的基础上，分析不规则物体的重心位置	进一步加深学生对重心的认知
应用验证	根据对重心的理解举一反三，分析杂技演员在走钢丝过程中手持长杆的作用	理解降低重心位置在实际生活中的应用
探究实践	根据对重心位置的理解，完成作品的制作与测试	利用材料完成作品制作
总结分享	总结重心位置与物体稳定性的关系	回顾知识点，理解降低重心位置能够增强物体稳定性的原理

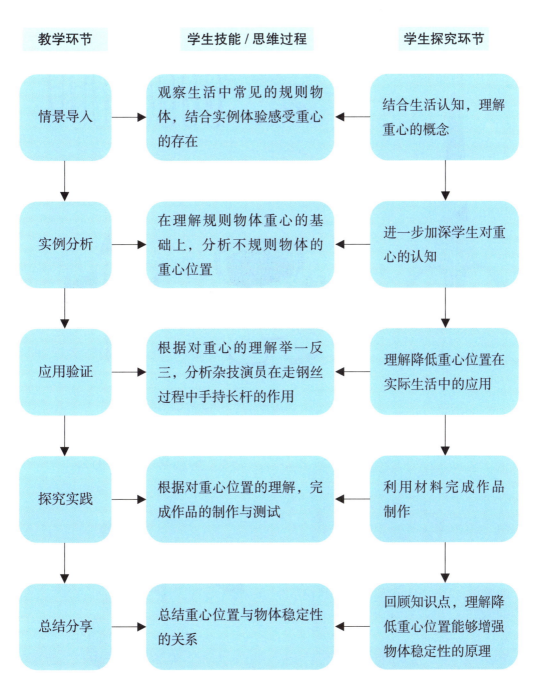

教学准备

一、学生实践材料准备

3M 双面胶带

彩色回形针 8 枚

剪刀 1 把

轴对称图形 1 张（约 21 cm × 30 cm）

二、教师教学材料准备

玩具平衡鹰 1 只

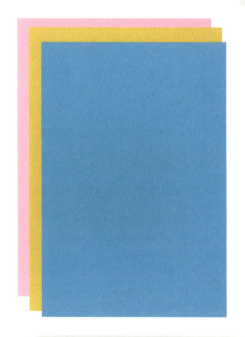

彩色 A4 纸 1 张（21 cm × 30 cm）

教学过程

一、情景导入：结合经验，认识重心

1. 情景环节设计

情景主题	教师活动	学生活动	设计意图
认识与判断规则几何图形的重心	引导学生初步理解物体的重心，认识规则几何图形的重心	观察规则几何图形的结构，了解规则物体的重心位置	引导学生获得判断一些规则几何图形重心的方法与思路，为后续判断实物重心作铺垫

2. 教学板书设计

3. 片段实录

师：我们知道，地球对地球附近的物体有吸引力，这个力也叫重力。你们知道生活中都有哪些和重力有关的现象吗？

生：苹果会从树上掉到地上，我们从地上蹦起来后也会落到地上，瀑布的水向下流……

师：非常好！今天我们再来学习一个和重力有关的概念——重心。哪位同学可以根据自己的理解来说一说什么是重心？

生：就是物体重力的中心。

师：非常好！重心就是一个物体重力的集中点，也是这个物体质量的中心，它是这个物体保持平衡的关键。老师这里有几个几何图形，你们判断一下它们的重心在哪里？

教学意图：展示 3 个几何图形，强调图形的对称性，结合重心概念和图形的对称轴找出图形的重心。

生：老师，重心在图形中间。

师：表达得不够准确，让我们试着换一种表达方式。比如，我们可以通过什么方法准确地画出重心呢？这些几何图形有什么特征呀？

生：我知道了，它们都是对称图形。

第四课　平衡大师

师：那么我们可以尝试画出这些几何图形的对称轴，得到一个交点，这个交点就是对称几何图形的重心了。

二、探究实践：认知检验，设计制作

环节一：如何确定规则物体的重心

1. 情景环节设计

情景主题	教师活动	学生活动	设计意图
认识生活实例，理解重心位置与物体稳定性的关系	引导学生观察物体的特点，分析重心位置与物体稳定性的关系	根据实例分析，理解物体的重心位置越低越稳定的原理	从观察现象到总结特点，引导学生发现重心位置与物体稳定性之间的关系

2. 教学板书设计

3. 片段实录

师：这是我们生活中常见的一把直尺，我们可以把它看作一个近似规则的长方形物体，你们觉得它的重心在什么位置？

生：在尺子中心。

师：这是我们常用的一支铅笔，侧面是不是也可以看成一个近似规则的长方形？再看这支铅笔的截面，是不是一个正六边形？那么这支铅笔的重心在哪里呢？

生：铅笔中间位置。

教学意图：选择的日常物品需要与此前的对称几何图形相对应，方便学生展开联想。

师：我们通过类比近似图形来寻找一个物体的重心的方法是否准确呢？老师来教同学们一种判断重心的简单方法。刚才我们在介绍重心的概念时，强调了重心是物体保持平衡的关键。我们在找到物体重心后，用一根手指顶着重心支起该物体，看一看物体在这个点上是否能保持平衡。如果你手指支起的点能使物体处于平衡状态，那我们就可以基本判断这是物体的重心。同学们可以试一试。

教学意图：在学生使用支点平衡法寻找重心时，让学生注意接触点与重心的区别。

环节二：感受规则物体重心位置的变化

1. 情景环节设计

情景主题	教师活动	学生活动	设计意图
分析改变重心位置在杂技演员走钢丝过程中的实际应用	带领学生分析长杆在杂技演员走钢丝过程中的作用	分析杂技演员保持平衡的秘密	结合学生对重心位置与物体稳定性关系的理解，举一反三，探究杂技演员保持平衡的原理

2. 教学板书设计

比较以下 3 个立体几何物体的重心位置。

3. 片段实录

师：刚才我们学会了一个简易判断物体重心的方法，接下来我们做一个感觉重心位置变化的小游戏。老师给同学们准备了 3 个立体几何物体的模型，同学们来判断一下它们的重心所处的位置。首先确定它们的重心都在哪个轴上？

生：对称轴。

师：很好。我们给这些物体都画出对称轴，然后用支点平衡法来判断。你们可以在各自判断的重心位置尝试用手指推倒模型。你们有什么发现？

生：老师，我们发现圆柱体很容易被推倒，只要一过中点就倒了，而圆锥体与平截圆锥体过了中点还没有倒。

师：同学们总结得很好。首先我们通过几何物体的对称性可以判断出圆柱体的重心，通过圆柱体的重心我们可以推断圆锥体与平截圆锥体的重心。是不是感受到这 2 个物体的重心高度比圆柱体的重心高度低？我们是否可以判断这 3 个物体的重心在同一水平位置的高度关系？

生：是的，重心高度关系是圆柱体 > 平截圆锥体 > 圆锥体。

师：为什么是这样的结果呢？

教学意图：引导学生观察并描述出圆柱体侧面是形状均匀的长方形；而平截圆锥体上小下大，下半部分更重；圆锥体上下两个部分差异更大，因此重心位置更靠下一些。

师：生活中，不同的物体稳定性都有所不同。比如，一支笔立在桌子上会很容易倒下，十分不稳定；一盏台灯放在桌子上却十分稳定。请你们仔细观察，台灯保持稳定的秘密是什么呢？

生：台灯有底座。（台灯下面比较重……）

师：大家观察得很仔细，我们不妨从重心的角度分析一下它们的不同。我们提到过铅笔的重心大致在它的中间，它不太稳定。而台灯的底座又大又重，那么台灯的重心大致在哪里呢？它稳定吗？

生：台灯重心位置较低，比较稳定。

师：笔的重心在物体中间，位置相对较高，不太稳定；而台灯的重心位置相对较低，因而更加稳定。你们觉得重心位置和物体的稳定性有什么关系呢？

生：重心位置越低，物体越稳定。

师：我们再来看看杂技表演中走钢丝的例子。走在钢丝上的杂技演员到底是技艺高超的平衡大师还是另有玄机呢？接下来，我们一起来观看一段视频。（播放杂技演员走钢丝的视频）为什么走钢丝的杂技演员能够这么稳定地保持好平衡呢？

生：他拿着长杆子。

师：说得对，走钢丝的秘密就在于杂技演员手里的长杆，这个长杆在走钢丝的过程中起到了什么作用呢？

生：（自由回答）

师：我们分析一个物体是否稳定，主要看重心位置。那么，人的重心位置是否也影响着稳定状态呢？我们可以分析一下，当一个人没有拿杆子的时候，重心大致在肚脐附近，就像一支铅笔一样，重心位于中间，你们觉得稳定吗？

生：不稳定。

师：怎么才能更加稳定呢？

生：降低重心位置。

师：仔细看杂技演员手里的长杆，当杂技演员在走钢丝时拿着一根又长又重的杆子，人就和杆子组成了一个整体，重心位置就会怎样变化？

生：重心位置变低，也就更容易保持平衡了。

师：非常好！因此杂技演员走钢丝时手持长杆是为了降低重心位置，从而保持稳定。

环节三：制作重心位置低的平衡装置

1. 情景环节设计

情景主题	教师活动	学生活动	设计意图
模拟平衡鹰原理，制作平衡装置	引导学生分析平衡鹰原理，运用原理完成制作	利用材料制作能够在尖顶保持平衡的装置	加深学生对重心位置变低的理解，通过模拟制作对原理进行灵活应用

2. 教学板书设计

3. 片段实录

师：平衡鹰是我们常见的一种玩具，同学们此前是不是很好奇，为什么只有鹰嘴与底座衔接的平衡鹰可以摇摆不倒？今天我们学习了重心的知识，是不是可以尝试解释一下其中的原理呢？

生：我知道了，一定是平衡鹰重心位置很低，所以不容易倒。

师：那么平衡鹰是怎么做到重心位置变低的呢？我们注意观察平衡鹰的翅膀，大家发现了什么？

生：我发现鹰的翅膀很大很厚，好像很重的样子。

师：很好。还记得我们提到的杂技演员走钢丝的例子吗？平衡鹰在翅膀两侧加入重物，就是为了使整个鹰的重心位置变低，在只有鹰嘴与底座衔接的情况下同样能很好地保持平衡。今天我们就模仿平衡鹰的形式，自己制作一个平衡装置。我们可以选择航天员或宇宙飞船的形象，做出他们在太空中飘浮的状态。

教学意图：引导学生先通过找近似图形的方式，找出不规则图形大致的重心位置，再通过支点平衡法试出重心，然后通过调整配重来改变重心的高度，以达到摇摆不倒的平衡状态。

第四课 平衡大师

4. 操作参考

第一步：剪切图形卡纸。

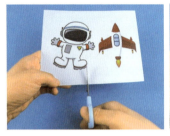 

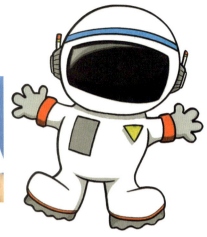

用剪刀将图形沿轮廓剪下。

第二步：制作锥形塔。

小贴士：注意提示学生在剪图形卡纸时，尽量按照对称的方式进行剪裁。

① 用圆规在蓝色卡纸上画出一个半圆。

② 用直尺在半圆的基础上画出一个圆心角为 150° 的扇形。

  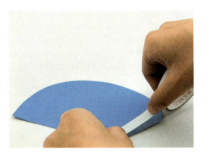

③ 在扇形的外廓再画出一个梯形，用剪刀沿最外边把整个形状剪下来。

④ 将双面胶带贴在扇形外廓的梯形上。

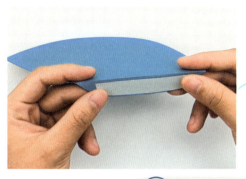

⑤ 把扇形与梯形折出一定的角度。

⑥ 手拿扇形的另一端与梯形双面胶带处粘在一起，做成一个圆锥体。

第三步：调试平衡。

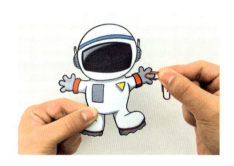

① 给航天员小人别上回形针。

② 当航天员小人挂上回形针时，就可以尝试在圆锥体上找到平衡点。

小贴士：如在找平衡点的过程中失败次数过多，可让学生尝试两端多加些回形针以进一步降低重心位置。

第四课 平衡大师

课程总结与分享

一、评介与总结

平衡大师这节课涉及的知识概念有点抽象，但现象又很具象。虽然重心和如何确定重心的知识点难度很大，但是模仿制作一个简单装置这个实践活动的难度又刚刚好，既能使用到工具，又能对刚学习的几何知识有所涉及和拓展。课程经由日常情景导入，利用低年级学段所学几何知识进行形状分类，以实践验证的方法确定重心，尝试为学生提供一种利用有限知识与方法来解决未知问题的思路，通过对现象的观察来理解原理的应用。

二、实践与拓展

制作过程中的探究内容并不多，特别是重心问题上的知识点，对低年级学段学生而言不宜拓展过深，但可以在设计内容上有所拓展。范例中航天员与飞船的图形选择对应了时下热点航天主题，因此这节课内容形式的表达可以根据不同热点或需求设计不同的主题。

三、改进与优化

因为制作的是一个简单纸质装置，平衡物与基座间没有拼接点，只通过摩擦力来衔接，但如果只做唯一的接触点来衔接就缺少了探究平衡点的过程。如何在平衡物与基座间添加材料以增加两者接触的摩擦力是此装置改进的一个方向。

适合年级：一至二年级

实践时间：30 ～ 50 分钟

难度系数：★ ★ ★

第五课
翻跟斗的瓶子

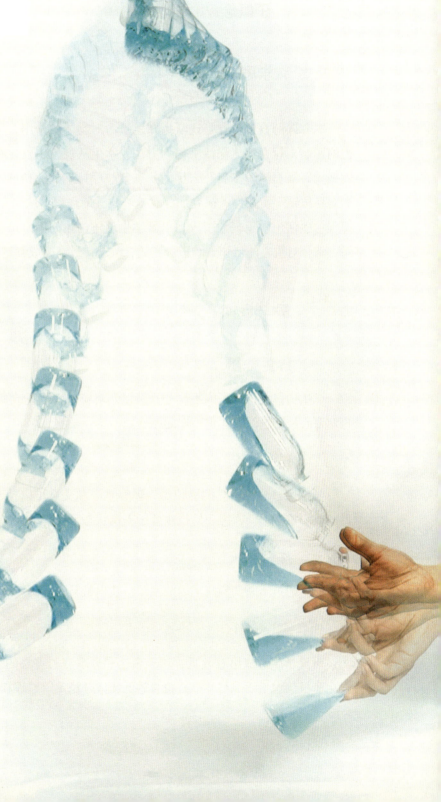

跨学科概念：	物质与能量、结构与功能
核心概念：	物质的运动与相互作用
子概念：	重力、重心

 ## 教学思路

　　本节课的教学重点是让学生知道重力对物体的作用，了解重心位置对物体稳定性的影响，探索物体保持平衡的方法。学生从现象出发，在体验中认知重力与重心的概念，根据消防车展开云梯的状态猜想保持平衡的条件，通过对日常物品的分析和对易拉罐平衡条件的探究加深对重心位置的理解，从而完成让瓶子翻跟斗的任务。课程由生活中常见现象引入，引导学生理解物体的重心位置与其平衡状态之间的关系，结合对重心的认知不断进行测试、改进，最终完成翻转瓶子挑战。

 ## 教学目标

一、科学观念

　　学生通过分析瓶子内不同的水量以及对应重心位置改变时翻转瓶子的难易程度，理解重心位置越低物体越稳定的原理。

二、科学思维

　　学生通过分析斜立的易拉罐，理解重心和支点可以处于同一条竖直线上，并且此时重心位置偏低，因而易拉罐处于平衡状态。

三、探究实践

　　学生通过不断调整瓶子内的水量，找出最易完成翻转瓶子挑战的水量。

四、态度责任

　　引导学生形成愿意倾听、乐于表达和分享有关重心的知识点的学习态度，鼓励学生积极认识生活中与"重心位置越低物体越稳定"原理相关的实例。

教学流程

教学环节	学生技能 / 思维过程	学生探究环节
情景导入	观察高处物体在没有支撑后，受重力作用向下运动的现象	观察现象，认识重力
提出问题	通过积木和叠石等实例，体会物体处于平衡状态的重要性	认识物体的重心，理解重心位置会对物体平衡产生影响
测试分析	通过易拉罐斜立实验，加深对重心位置越低物体越稳定原理的理解	理解重心位置的重要性，完成易拉罐平衡测试
实践挑战	根据对重心位置的理解，完成翻转瓶子挑战	调整瓶子内的水量，确定翻转瓶子的最佳水量
总结分享	总结翻转瓶子挑战成功的经验并分享给同学	回顾探索过程，分享成功经验

教学准备

350 mL 塑料瓶 3 个

300 mL 塑料杯 3 个

红、黄、蓝三色色素

200 mL 塑料瓶 1 个

200 mL 易拉罐 3 个

100 mL 量杯 3 个

250 mL 量杯 3 个

教学过程

一、情景导入，发散思维

1. 情景环节设计

情景主题	教师活动	学生活动	设计意图
观察生活中的物品是如何保持稳定的	用生活中的物品向学生展示重力对物体产生作用的现象	观察物体下落现象，理解重力的作用	通过对实例的理解，让学生了解重力的性质

2. 思维导图设计

通过气泡图进行发散思维的记录。

物体的稳定与什么有关

3. 片段实录

师：上一节课，我们通过实验知道了重心位置越低物体越稳定的原理。那么还可以通过什么改变使物体变得更稳定，是我们这节课的主要内容。同学们见过消防车在救援时展开云梯的场景吗？我们看到消防车展开云梯前要先展开 4 个支撑脚，你们知道它们有什么作用吗？

生：保证消防车的稳定。

师：很好。当消防车将云梯升高时，车辆的重心也随之升高，这增加了车辆的不稳定性。在这种情况下，消防车的 4 个支撑脚可以增大支撑面，从而增强车辆的稳定性。通过消防车的例子，我们可以知道，影响物体稳定性的因素不仅有重心的位置，还有什么？

生：物体的形状、支撑面。

师：很好，看来大家观察得很仔细。那你们知道为什么运动员跳水都是头朝下倒立入水吗？

教学意图：通过生活中的一些例子来引导学生观察并推断出影响物体稳定性的几种方式，所举例子可以搭配相关视频，通过情景还原帮助学生进行观察。

二、探究实践：验证猜想，测试实践

环节一：改变重心位置的测试分析

1. 情景环节设计

情景主题	教师活动	学生活动	设计意图
如何让易拉罐倾斜着立起来	引导学生进行测试，完成易拉罐斜立实验	改变罐内水量，完成易拉罐斜立实验	通过易拉罐斜立实验，加深学生对重心位置越低物体越稳定原理的理解

2. 探究表格设计

通过对比实验来测试可以使易拉罐斜立的水量范围。

实验次数	第一次	第二次	第三次	第四次	第五次
倒入水量					
测试成功与否					
你的推论	你测试出可以使易拉罐斜立的水量范围是_____mL				

3. 片段实录

师：请拿出材料包中的易拉罐，它看起来很像我们认识的什么形状？

生：圆柱体。

师：没错，易拉罐可以轻松地直立。但我们可以让它斜立起来吗？

生：不能。

师：空易拉罐类似于圆柱体，它的重心位置在中间。但将它斜立时，它的支撑面发生了改变，受力还平衡吗？

生：不平衡。

师：我们刚才知道了，除了增大支撑面，还可以改变什么让易拉罐保持平衡？

生：降低重心位置。

师：该怎么降低重心位置呢？

生：增加易拉罐底部的质量。

教学意图：引导学生向易拉罐中添加水，让学生从测试中了解到，只有适当范围内的水量可以保证易拉罐在重心位置降低后斜立不倒，而且可能每个学生的易拉罐所需水量都不一样。可以通过探究表格辅助学生设计出一个方案，破解使易拉罐斜立的水量范围的"黑箱"。

4. 操作参考

第一步：调配不同体积的水。

① 量取不同体积的水并用颜色进行区分。

② 准备一个透明的易拉罐。

第二步：用不同水量逐一进行测试。

测试 1：量取 40 mL 水调制成黄色。

　　30 ～ 40 mL 的水量一般是易拉罐斜立成功的最低区间。在这个水量范围内进行测试时，可以引导学生通过临界点测试的方法推导水量最小值。

测试 2：量取 60 mL 水调制成绿色。

50 ～ 60 mL 的水量是标准的易拉罐较易斜立成功的区间。在这个水量范围内进行测试时，可以引导学生探讨平衡点与稳定性的关系。

测试 3：量取 80 mL 水调制成蓝色。

70 ～ 80 mL 的水量是斜立易拉罐最容易成功也最稳定的区间之一。在这个水量范围内进行测试时，可以引导学生通过感受重心位置变化带来的稳定性变化来寻找平衡点的区间。

测试 4：量取 100 mL 水调制成橙色。

90 ～ 100 mL 的水量也是斜立易拉罐最容易成功的稳定区间之一。在这个水量范围内进行测试时，可能学生会产生疑问："是不是当水量达到一定区间后，怎么加水都可以保持平衡？"此时可以引导学生尝试寻找不平衡的临界点。

测试 5：猜测测试。

　　通过前 4 轮的测试，学生可能会对打破平衡点找到临界区域产生兴趣，可以根据实际情况，由学生自己量取超过 100 mL 的水量进行测试。

测试 6：叠加测试。

　　小量杯和单个容器可能无法完成学生对临界值的测试，可以将此前测试中不同体积的水进行叠加测试，直到学生找出临界的阈值点，测算出区间。

　　　小贴士：由于市面上易拉罐的尺寸与质地各有不同，纯铝片与塑料的质量也不一样，在选用器材时需要提前测试，范例中的数值区间仅供参考。

环节二：实践挑战

1. 情景环节设计

情景主题	教师活动	学生活动	设计意图
翻转瓶子挑战	引导学生测试瓶中水量不同时瓶子翻转的情况，完成翻转瓶子挑战	根据对重心位置的理解，完成翻转瓶子挑战	基于学生对重心位置的理解，发散思维，动手测试并解决相关问题

2. 探究表格设计

组别	第一组	第二组	第三组
倒入瓶中的水量	_____mL	_____mL	_____mL
第一次测试			
第二次测试			
第三次测试			
第四次测试			
第五次测试			
第六次测试			
第七次测试			
第八次测试			
第九次测试			
第十次测试			
你的推论	在你的测试中，瓶子翻转成功率最高的水量范围是_____mL		

3. 片段实录

师：生活中关于探究物体保持稳定的玩法还有很多，你们知道翻转瓶子挑战吗？谁能解释一下？

生：（自由回答）

师：翻转瓶子挑战就是用手把瓶子抛到空中，使瓶子在空中至少翻一个"跟头"，最终瓶底朝下实现平稳落地的挑战。同学们知道为什么要在瓶子里装一定量的水吗？

教学意图：可以利用视频、动图及瓶子道具来解释瓶子在空中翻转的过程。

生：我知道，是为了降低重心位置，让瓶子落地更稳定。

师：那需要加多少水才会更稳定呢？

生：不能太多，否则重心位置就高了。

师：很好，看来我们已经掌握了通过改变重心位置来稳定物体的方法了。我们可以像斜立易拉罐那样进行分组测试，找出最易成功的水量范围。

教学意图：引导学生准备3组不同水量的瓶子，分别完成10次翻转瓶子挑战，计算成功率，找出成功率最高的水量。测试水量时，每次以50 mL为量取单位，不断添加水量进行测试。

4. 操作参考

第一步：调出3杯不同颜色的水。

第二步：每种颜色的水量取不同体积的水量。

量取 100 mL 黄色的水倒入瓶中。

量取 150 mL 蓝色的水倒入瓶中。

量取 200 mL 红色的水倒入瓶中。

第三步：抛转 3 种水量的瓶子并记录。

抛转装黄色水的瓶子并记录结果。

抛转装蓝色水的瓶子并记录结果。

抛转装红色水的瓶子并记录结果，然后分别统计 3 种水量的瓶子抛转竖立的成功率。

小贴士：测试过程中，应让学生意识到翻转瓶子挑战的成功率不只与瓶内的水量相关，也与手抛瓶子的力度和角度相关，尽量以恒定的力度、角度抛瓶子，使瓶子翻转一周后落地，以减少除水量外的其他因素对挑战的影响。

课程总结与分享

一、评介与总结

翻转瓶子挑战是前些年在社交媒体平台上流行的一种深受青少年喜爱的挑战活动。课程把经典实验易拉罐斜立与其设计在同一节课中，尝试让学生通过体会静态物体的重心位置变化来理解运动状态下的物体重心位置改变的情况，从而帮助学生了解翻跟斗的瓶子能成功竖立的科学性，同时通过静态下倾斜易拉罐重心位置变化的特点来推论出翻转瓶子时适当的水量范围与成功率之间的关系。翻转瓶子挑战是一个理论与实践相结合的典型案例，虽然理解理论不困难，但是实践操作的成功率与熟练程度和技巧有很大的关系，教师在操作时拥有较高的成功率往往会成为实践过程中最大的助力。

二、实践与拓展

在课时允许和学生兴致高的情况下，可以尝试探究用不同的瓶子进行抛转的成功率之间的关系，也可以参照网上流行的挑战流程引导学生尝试双手抛转瓶子或小组多人抛转瓶子等挑战。

三、改进与优化

由于大部分学生难以掌握操作技巧，在条件允许的情况下可以利用杠杆作为发射器来量化初始力度与抛出角度，以此提高学生在操作时的成功率。但是这可能会与此项挑战的初衷相违背，因此主要取决于教师如何定位此类课程，是侧重于挑战的科学性还是试图提高挑战的成功率。不过对科学课而言，两者都可以成为很好的设计。

适合年级：二至三年级

实践时间：30 ～ 50 分钟

难度系数：★ ★ ★

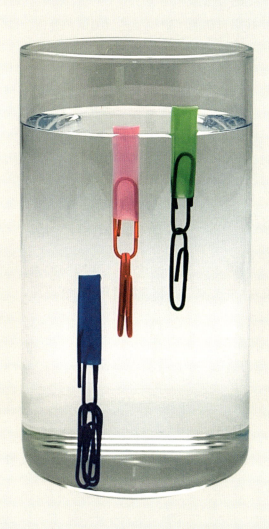

第六课
自制浮沉子

跨学科概念： 结构与功能、稳定与变化、系统与模型

核心概念： 物质的结构与性质

子概念： 水的特性与功能、浮力

 教学思路

　　本节课的教学重点是让学生知道浮力和重力对物体作用的本质，认识浮沉子的工作原理。学生从观察物体在水中浮沉的自然现象出发，进行比较观察和假设验证，进一步了解影响物体在水中浮沉情况的因素。通过制作浮沉子及操控浮沉子并观察来理解浮力与重力的关系，进而类比潜艇上浮下沉的现象，以便理解其原理。本节课从实际现象出发，引导学生使用类比的方法深入理解浮沉子的运动过程，通过结合生活现象学会分析物体受力情况，并用自制的实物模型进行测试和分析，最终完成归纳总结。

 教学目标

一、科学观念

　　学生通过观察日常生活中物体在水中的浮沉情况及进行对比实验，理解重力和浮力相互作用对改变物体运动状态的影响。

二、科学思维

　　学生通过分析浮沉子的运动现象背后的原理，类比理解潜艇的工作原理。

三、探究实践

　　学生通过灵活调整浮沉子所在瓶内的压力情况，精准掌握重力与浮力的关系，从而顺利操控浮沉子的上升和下降。

四、态度责任

　　让学生在好奇心的引领下，积极参与制作浮沉子和探究潜艇原理，并大胆提出自己的见解和心得。

教学流程

教学环节	学生技能 / 思维过程	学生探究环节
魔术导入	观察浮沉子的运动状况，猜想浮沉子的运动原理	结合生活认知，积极表达观点
操作验证	实际操作浮沉子，找出控制浮沉子浮沉的方法	发现物体浮沉原理，加深对浮沉子的认知，增加成就感
类比分析	将潜艇类比浮沉子进行分析，理解重力和浮力对浮沉子的影响	学会运用类比的方法认识事物的特征
探究实践	根据对潜艇浮沉原理的理解，完成浮沉子的制作与实验	利用材料完成浮沉子的制作
总结分享	总结浮沉子运动状态改变的原因，分享制作原理	回顾知识点，理解力与运动的关系

教学准备

一、学生实践材料准备

彩色回形针 15 枚

剪刀 1 把

500 mL 矿泉水瓶 1 个

彩色可弯头吸管 3 根（直径 0.6 cm × 长 23 cm）

直尺 1 把

二、教师教学材料准备

2 cm × 2 cm × 2 cm 木块 1 个

小石子若干

500 mL 圆筒玻璃杯 1 个

教学过程

一、魔术导入：观察现象，引发思考

1. 情景环节设计

情景主题	教师活动	学生活动	设计意图
日常物品的水中浮沉情况	引导学生进行实验前的猜测和实验过程中的观察，帮助学生对现象进行推论	猜测并观察日常物品在水中的浮沉情况，对现象原因进行合理推论	从观察日常物品在水中的浮沉情况出发，培养学生基本的探究技能

2. 探究表格设计：物品放入水中的浮沉情况

物品	石子	回形针	木块	吸管	第五种物品
猜测情况					
观察现象					
你的推论					

3. 片段实录

师：大家想一下，日常生活中哪些物品容易在水中浮起来，哪些物品会沉下去呢？今天，老师准备了一些实验物品，包括石子、回形针、木块和吸管，把你们的猜测先写下来，然后进行实验观察，验证结果。

生：石子、回形针会沉，木块和吸管会浮。（自由回答）

师：好的。现在我们一个一个来检验，看看实验结果是否和大家的猜测相符。（依次进行实验，并引出相应的概念和原理）

教学意图：通过实际操作，让学生在探究中理解浮力和重力之间的关系，剖析影响物体在水中浮沉情况的多重因素，尝试运用科学思维理性探究难题。

师：我们已经观察了4种实验物品在水中的浮沉情况，有同学发现结果和之前的猜测有些不同。哪位同学可以说说为什么会出现这种情况呢？还有，你们是否还能想到其他相似或不同的案例呢？

教学意图：在授课过程中唤起学生的注意力和思考兴趣，引导学生体会和适应对科学问题进行猜测、发问和验证的过程。

第六课　自制浮沉子

二、探究实践：假设验证，操作实践

环节一：假设与验证

1.情景环节设计

情景主题	教师活动	学生活动	设计意图
描述4种实验物品的属性	引导学生列出影响物体在水中浮沉情况的因素并加以验证	分别对4种实验物品的属性进行比较	通过对4种实验物品的属性进行比较，引导学生猜测出物体的潜在属性

2.思维导图设计

借助气泡图引导学生发散思维，思考是什么影响了物体在水中的浮沉情况。

3.片段实录及操作参考

（1）探究影响4种实验物品在水中浮沉情况的因素。

师：刚才同学们观察了4种实验物品在水中的状态，那我们能不能总结一下，什么因素会影响物体在水中的浮沉情况呢？

生：质量、大小、形态、体积、材质……

师：非常好，你们发现了这么多与物体在水中的浮沉情况有关系的因素。接下来，老师带领大家进一步探究。让我们比较一下这4种实验物品的质量（用 m 表示），看看质量是否会影响它们在水中的浮沉情况。

教学意图：利用天平进行质量比较。在此过程中，探究物体单位体积的质量、不同材质的比较等，从而引出密度概念。

师：我们通过天平的称量知道，$m_{木块} > m_{石子} > m_{回形针} > m_{吸管}$，吸管最轻。我们可以理解吸管因为轻而浮在水面上，然而木块比石子和回形针都重，为什么也浮在水面上呢？

生：老师，如果物体的材质比较松软，是不是容易浮在水面上呢？

师：有同学提到，这4种实验物品的材质和硬度也有所不同，那我们是否可以结合这方面因素来分析物体在水中的浮沉情况呢？让我们感受一下这4种实验物品的材质，看看材质是否也会影响它们在水中的浮沉情况。（用手分别捏4种实验物品，引出密度概念。可以根据实际情况开展关于回形针漂浮的实验，引导学生认识水的表面张力和水的密度对浮力的影响）

生：原来水的表面张力和水的密度也会影响物体在水中的浮沉情况。

师：非常好，你理解得很到位。通过今天的实验探究，我们发现物体在水中的浮沉情况不仅与质量、大小、形态、体积、材质有关，还与水的密度和水的表面张力有着紧密联系。这些因素相互作用，才产生了我们观察到的浮沉现象。

（2）探究吸管与回形针的组合装置在水中的浮沉情况。

师：通过前面的实验，我们知道吸管会浮于水面而回形针会沉入水底。现在我们剪取一段吸管，将它与回形针别在一起放入水中，猜测一下会出现什么现象？

生：浮起来。（沉下去……）

师：同学们可以剪取一段5～6cm的吸管来测试一下，看一看是否和你们猜测的结果一致。

教学意图：对吸管的长度不需要作硬性要求，让学生自由决定和操作，可能会出现吸管太短而下沉的情况，这也可以作为一种案例。

① 用直尺量取一段吸管（5～6 cm）。

② 用剪刀将量好的一段吸管剪下。

③ 将剪下的吸管对折。

④ 将2枚回形针串在一起，一端别在吸管上。将这个组合装置放入水中。

（3）探究增加回形针数量后组合装置的浮沉情况。

师：我们会发现，大部分同学的吸管在别上2枚回形针后仍然可以浮起来。如果我们继续给这段吸管加回形针，会出现怎样的情况呢？我们在这个结构的基础上分别加上1枚、2枚回形针，观察一下，这个组合装置是否还能浮在水中？

教学意图：可以引导学生以小组为单位，分别在不同颜色的吸管上剪取长度相同的一段，搭配对应颜色的回形针，以区分回形针数量并方便观察，同时清晰描述出各色组合装置的浮沉情况。

生：老师，我们发现加上1枚回形针时，吸管还能浮在水面上，加上2枚时，吸管就沉到水底了。

师：我们观察到的这种情况，说明物体的浮沉情况还与什么有关呢？

生：质量。

师：严格来说是与物体质量所产生的重力有关。

第六课 自制浮沉子

师：刚才我们了解到单个物品在水中的浮沉情况与它自身的密度有关，也了解到吸管与回形针组合装置的浮沉情况与其质量产生的重力有关。针对刚才我们所做的吸管与回形针组合装置，老师提出一个问题，如果在固定别4枚回形针的情况下，你们有什么办法能让这个组合装置浮起来？

生：可以换一段吸管来试一下。

师：我们要换的吸管是长一点的还是短一点的呢？

生：长一点的。

师：那我们一起动手试一试。这里有一个问题请同学们思考，为什么长一点的吸管能让这个组合装置浮起来呢？

生：我知道，因为长一点的吸管浮力更大。

师：很好，有同学说长一点的吸管浮力更大。我们可以观察到长吸管与短吸管之间是什么方面存在区别？

生：长度。（面积……）

师：同学们提到的长度、面积都是二维空间的概念，我们把物体占据三维空间的大小叫作体积。也就是说，影响物体浮沉情况的因素还有体积。

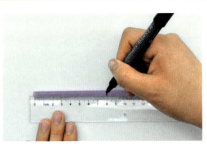

环节二：探究实践

1. 情景环节设计

情景主题	教师活动	学生活动	设计意图
理解不同物体的浮力与重力的关系，详细分析不同状态下潜艇的受力情况	引导学生观察浮沉子的浮沉变化，分析物体受力的运动状态	根据现象分析和理解浮沉子的运动原理	启发学生加深对物体受力情况与运动状态关系的理解

2. 教学板书设计

比较并判断，写出球体的状态。

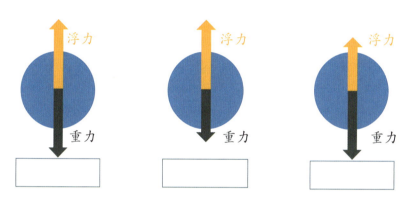

3. 片段实录

师：刚才我们用吸管与回形针做的组合装置叫作浮沉子。通过实验我们发现，给它增重时，它会下沉，而当增加吸管的长度时，它会上浮。现在老师把一个能漂浮在水面上的浮沉子放入一个装有水的矿泉水瓶里，如果想让它实现自由浮沉，你们觉得应该怎么做呢？

生：挤压瓶子。（向瓶里吹气……）

师：你们试一试，看能成功吗？

生：没有成功。

师：因为你们还缺少一样东西——瓶盖。看老师拧紧瓶盖，右手握住瓶身，用力一捏。

生：哇，浮沉子沉下去了！

师：你们再看老师把手轻轻放松。

生：嘿，浮沉子又浮上来了。

第六课 自制浮沉子

师：谁能告诉我们这是为什么吗？请同学们拿起自己的浮沉子，放到瓶子中进行操作并仔细观察，看看谁能发现其中的原因。

师：同学们有什么发现吗？

生：老师，我发现我用手捏瓶子时，水会被挤进浮沉子里，所以浮沉子沉下去了；当我松开手，浮沉子里的水又跑了出来，所以它就浮上去了。

教学意图：如果学生暂时没有发现，则需引导学生着重观察浮沉子吸管中的水位情况，这要求制作浮沉子时使用的吸管相对透明，以便于观察。

生：我知道了，这就是我们刚才所学的内容，吸管进水了就是质量增加了，所以浮沉子就下沉了。

师：这位同学说得没错。当我们用力捏瓶子使浮沉子进水，就是增加了浮沉子的质量，这时浮沉子所受的重力比浮力大，因此就会下沉；当我们松开手时，原来进入浮沉子的水就跑了出来，这时浮沉子所受的重力比浮力小，因此就会上浮。

师：老师刚才还发现了一个现象，有些同学在操控他的浮沉子完成下沉上浮时很轻松，但有些同学却很吃力，这是为什么？

教学意图：可以请出现不同情况的学生同时上台展示，以进行对比实验并观察，让学生自己分析找出原因。如果学生暂时未注意到，则需引导学生观察瓶子中的浮沉子顶端露出水面的情况。

生：我发现了，他们的浮沉子露出水面的长度不一样。

师：很好，有同学观察得很仔细，发现了不同浮沉子露出水面的高度不同，这是为什么？

生：因为他们用的吸管的长度不同。

师：没错。我们在前面的实验中已经证明了，在回形针数量相同的情况下，吸管越长产生的浮力就越大，因此我们使浮沉子下沉所需要的力量也就越大。今天我们学习的浮沉子，有没有让大家联想到一种舰艇呢？它也是通过控制自身的质量来实现上浮和下沉的。

生：我知道，是潜艇（深潜器）。

师：没错。人类发明的绝大部分潜水装置都是利用重力与浮力的关系来实现上浮和下沉的。

4. 操作参考

用 3 个配重相同而体积不同的浮沉子进行对比实验。

　　绿色浮沉子的浮沉是容易成功操控的，单手紧握瓶子稍用力就可以使其下沉。但在操作中仍会有学生出现比较费劲的情况，此时可以把水加至瓶颈处，同时检查瓶盖的气密性。

　　红色浮沉子的下沉操控在单手用力握瓶身时明显比较困难，容易出现浮沉子悬停在瓶中的情况。此时可以引导学生观察浮沉子吸管中水位的变化。

　　蓝色浮沉子的浮沉操控是最费劲的，甚至学生用双手用力捏瓶身也不一定能使其下沉。此时可以让学生回顾此前实验，比较 3 个浮沉子在水中的状态，引导学生猜测其中原因。

课程总结与分享

一、评介与总结

浮沉子是一个经典的科学实验，针对不同年龄段的学生有不同的设计方向。本节课的设计主要以低年级学段学生仍可能存在的"重的物体沉入水中，轻的物体浮于水面"的常识误区为切入点，引导学生通过观察和比较，发现与浮力相关的因素，再通过对浮沉子的实验观察加深对浮力与重力关系的理解，进而理解潜艇上浮下沉的原理。课程把浮沉子的制作与操控体验间隔开来，主要试图引导学生更加专注于对假设变量的探究，避免出现操控浮沉子后学生无心探究的尴尬情况。

二、实践与拓展

根据课程时长与学生探究变量的情况，可以制作和操控多个浮沉子进行体验，也可以使用长度超过 10 cm 的吸管制作一个长形浮沉子，这样可以方便学生在操控时清楚地观察水慢慢进入吸管的过程及浮沉子逐渐下沉的过程。

三、改进与优化

可供制作浮沉子的材料有很多，只要能同时满足浮沉条件的材料都可以作为备选。本节课设计选用可弯头的彩色吸管仅是为与日常文具中的彩色回形针实现颜色上的搭配，不考虑色彩搭配的情况下，可以利用身边更方便取得的材料来制作一款浮沉子，亦可以加上艺术造型。

适合年级：二至三年级

实践时间：30 ～ 50 分钟

难度系数：★ ★

第七课
黏土电路

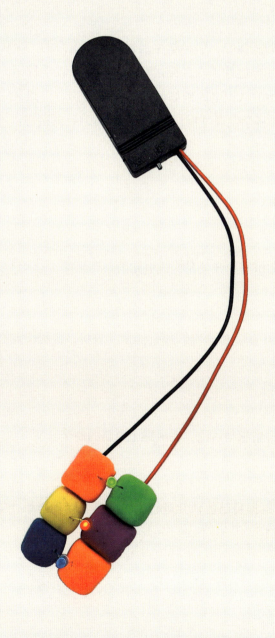

跨学科概念： 系统与模型、结构与功能

核心概念： 物质的运动与相互作用

子概念： 电路的组成、导电性

 教学思路

　　本节课围绕黏土电路开展问题式探究，引导学生通过对黏土电路的"探秘"来认识构成电路的条件，研究黏土的导电性。在探究过程中逐步达成教学目标，培养学生的批判性思维模式。从最开始的认识电池到如何点亮 LED 灯珠，再到最后验证黏土的导电性，鼓励学生自己经历科学发现过程，寻找证据验证自己的猜想。

 教学目标

一、科学观念

引导学生认识电源、导线、用电器和开关是构成电路的必要元件。

二、科学思维

学生观察点亮 LED 灯时电路中的元件情况，通过测试、分析，概括出点亮灯泡需要的条件。

三、探究实践

学生对黏土材料的导电性进行猜想与讨论，完成黏土电路的制作。

四、态度责任

培养学生养成面对问题时能根据自己的认知进行思考并产生合理猜想，乐于寻找证据去验证自己猜想的思维习惯。

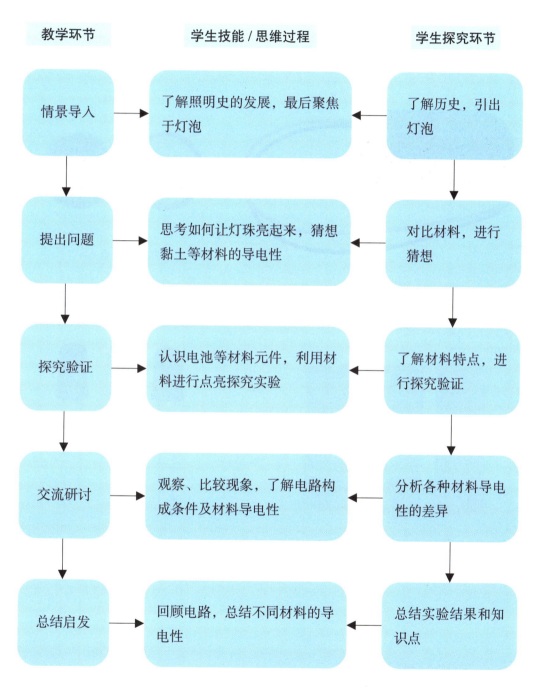

教学流程

教学环节	学生技能 / 思维过程	学生探究环节
情景导入	了解照明史的发展，最后聚焦于灯泡	了解历史，引出灯泡
提出问题	思考如何让灯珠亮起来，猜想黏土等材料的导电性	对比材料，进行猜想
探究验证	认识电池等材料元件，利用材料进行点亮探究实验	了解材料特点，进行探究验证
交流研讨	观察、比较现象，了解电路构成条件及材料导电性	分析各种材料导电性的差异
总结启发	回顾电路，总结不同材料的导电性	总结实验结果和知识点

教学准备

一、学生实践材料准备

小贴士：安装电池时，注意区分正极、负极。

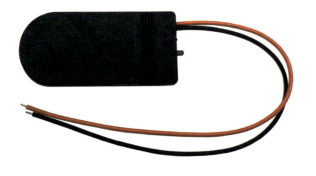

带导线的纽扣电池盒 1 个

纽扣电池 2 颗

彩色黏土 3 包

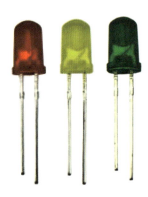

彩色 LED 灯珠 3 个

二、教师教学材料准备

参考人类照明发展史视频材料：《从火把到 LED，人类照明设备经历了怎样的发展？》《从篝火到 LED，细说人类照明发展史》。

教学过程

一、情景导入：观察现象，发现问题

1. 情景环节设计

情景主题	教师活动	学生活动	设计意图
播放人类照明发展史视频，解读电灯科技发展史	播放视频，介绍不同照明方式的发展历程，引出电灯及其发展过程	找出视频中的有关信息，梳理照明技术发展顺序，产生探究兴趣	通过对照明方式演变的导入，激发学生对了解电灯的兴趣，继而思考点亮灯泡所需的条件

2. 思维导图设计

用流程图来记录人类照明发展史。

3. 片段实录

师：今天的课程开始之前，老师先给大家播放一段视频，请大家了解一下人类照明方式的演变过程。（观看人类照明发展史相关视频）

师：视频中的原始人类最初依赖什么光源进行照明呢？

生：自然光源，包括太阳、月亮等。

师：但是自然光源存在诸多限制，如阴天或多云的时候光线很弱，当他们待在洞穴里时，周围的环境就是漆黑一片。幸运的是，人们后来学会使用什么去解决照明问题？

生：火。

师：对。但火源也有很多的缺点，比如十分不稳定、容易熄灭、亮度低，一不小心还会引起火灾。随着科技的发展，最终火源被什么能源所代替了？

生：被电所代替。

师：有了电以后，人们可以利用常见的什么照明设备进行照明？

生：电灯。

师：是的。我们熟知的爱迪生经过不懈努力改良了电灯，最终使电灯走入万千寻常百姓家，为我们的生活带来了极大的便利。

第七课 黏土电路

二、探究实践：验证猜想，实验探究

环节一：收集有用的信息并规范操作

1.情景环节设计

情景主题	教师活动	学生活动	设计意图
点亮灯珠	带领学生认识电池、电池盒等元件，引导学生猜想并验证如何点亮灯珠	认识电池，分辨电池正负极，知道电池盒中电池的安装方法，认识所需零件	引导学生联系实际生活经验进行猜想，认识相关电子元器件并进行验证

2.思维导图设计

使用气泡图记录在电池上观察到的主要信息。

3.片段实录

师：现在每个人的材料包里都有一个灯珠，如果我们想让手中的这个灯珠亮起来，你们觉得还需要什么呢？

生：还需要电。

师：没错，需要电。今天给大家准备的电池有点特殊。（展示电池）请大家仔细观察，然后描述出你所观察到的电池有什么特点。

生：电池是扁的，一面粗糙一面光滑，其中一面上有一个"＋"的符号。

师：电池上的"＋"代表什么意思？

生：我知道，是正极。

师：很好。我们知道了电池光滑的一面是正极，那么电池粗糙凸起的一面就是负极。我们再看看电池盒上，有没有相关的符号？

生：老师，我看见电池盒里面也标有"＋"和"－"的符号。

教学意图：尽量引导学生观察并描述出 LED 灯珠、纽扣电池、纽扣电池盒中有关正负极的信息，如"＋""－"符号、正负极长短、正负极颜色等，并引导他们把这些信息对应起来，组装好电池盒。

4. 操作参考

第一步：认识电池与 LED 灯珠的正负极。

 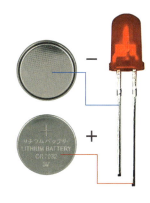

① 认识纽扣电池的正负极。　　　② 认识 LED 灯珠的正负极。

第二步：正确安装电池盒。

① 了解电池盒上开（ON）关（OFF）
键的作用。

② 识别纽扣电池与电池盒对应的正负极。

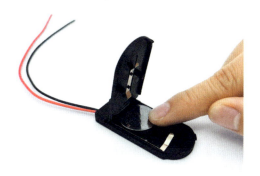 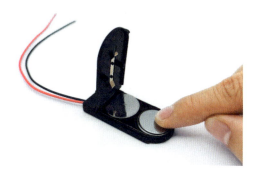

③ 分别把 2 颗纽扣电池放入电池盒相应槽内，并打开电池盒开关。

第七课 黏土电路

环节二：电路通电的材料验证

1. 情景环节设计

情景主题	教师活动	学生活动	设计意图
导电实验	带领学生完成黏土电路的制作，启发学生尝试对不同材料的导电性进行测试	猜测不同材料的导电性并利用电路进行验证	深化学生对导电性的理解，知道不同导体的导电性存在差异

2. 探究表格设计

对比不同材料的导电情况。

材料	铁丝	塑料	纸张	黏土
猜测				
实际情况				

3. 片段实录

师：刚才我们学会了安装纽扣电池，现在老师这里准备了几种材料作为电池盒的延伸导线，以连接并点亮灯珠，你们猜猜看哪些材料会让灯珠亮起来呢？

生：老师，都有哪些材料？

师：有铁丝、塑料、纸和黏土。它们分别有什么特点呢？你们觉得最有可能让灯珠亮起来的是哪一种材料？

生：老师，是铁丝，因为铁是金属。

师：这位同学说的是否正确呢？大家看老师来验证一下。

生：老师，灯珠亮了！

师：那么其他材料如何呢？我们可以先在表格中填上你猜测的结果，然后老师和你们一起来验证。

教学意图：由于对低年级学段学生而言进行电路连接操作有一定难度，此环节侧重于训练学生的猜测能力及介绍验证的方法步骤，强调任何结论都不可简单通过经验认定，而要进行事实验证。

4. 操作参考

第一步：准备 2 块彩色黏土。

① 将彩色黏土捏成团状。

② 把团状黏土慢慢塑成方块状立方体。

第二步：组成电路。

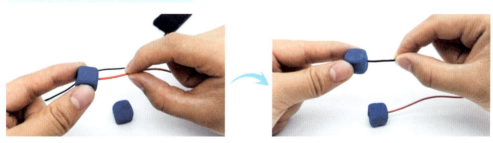

① 将黏土块与电池盒的导线连接，正负极导线分别插入不同的黏土块中（导线金属线端直接插入黏土块中，可插深一些）。

② 轻轻掰开 LED 灯珠的正负两端，分别与电池盒的正极（红色）、负极（黑色）导线插入相同的黏土块中。

环节三：黏土电路的搭建

1. 情景环节设计

情景主题	教师活动	学生活动	设计意图
灯的数量与亮度的关系	带领学生完成黏土电路的搭建，引导学生尝试接入不同数量的灯珠，观察灯珠数量与亮度的关系	完成电路通路的搭建，了解灯珠的不同接法	让学生初步认识到电作为一种能量形式对电路中不同元件的能量分配有所不同

2. 探究表格设计

LED 灯珠数量	1 个	2 个	3 个
你观察到的情况			
你的推论			

3. 片段实录

师：从刚才的验证实验中我们知道了黏土和导线一样，也是可以导电的，现在我们一起动手，使用你们手中的黏土来设计一条电池盒的延长线，方便我们连接灯珠。

生：好。

师：看到有同学选用了 2 种不同颜色的黏土，你是如何思考的？

生：因为我发现电池盒用了 2 种颜色来区别正负极，所以我也用 2 种颜色来对应。

师：这个想法很好。老师这一次给你们不止 1 个灯珠，而是红、黄、蓝、绿 4 种颜色各 1 个灯珠，你们可以尝试将它们都接到电线上，观察会发生什么？想一想为什么？

教学意图：由于尚不适宜对低年级学段学生具体讲解串联、并联电路的内容，采取只观察现象并进行描述的方式来引导学生进行制作体验。

4. 操作参考

搭建电路的两个方案如下。

方案一：将灯珠与黏土块作为连接组件逐对叠加，让学生自由叠加或减少组件，方便观察增加或减少灯珠的情况下灯珠亮度的变化。

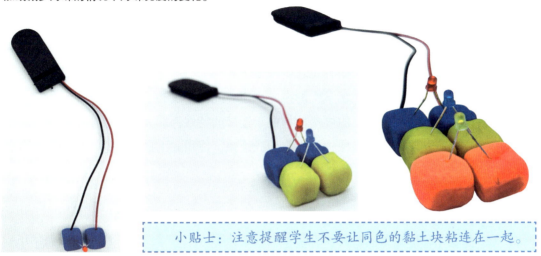

小贴士：注意提醒学生不要让同色的黏土块粘连在一起。

方案二：将黏土作为导线延长线连入电路并进行探究观察，便于学生理解串联与并联电路的连接方式。

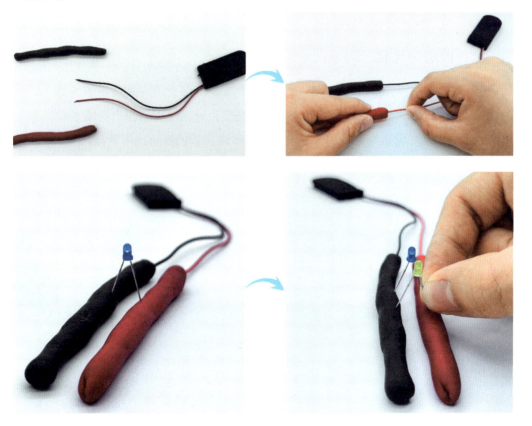

课程总结与分享

一、评介与总结

　　黏土电路课程是对经典的科学课"点亮小灯泡"的一种变形。课程通过引入新材料来降低学生连接电路的操作难度，同时借助黏土导电的现象来打破学生可能存在的认为金属才能导电的固有观念，在学生观察能力与感知能力敏感的低年级学段创造认知冲突，更容易激起学生的探究欲望。此外，玩黏土也是这个年龄段的孩子最喜爱的活动之一，黏土的可塑性与便于连接的特性都能大大提高学生搭建电路的成功率。有别于传统电路课程的固定导线连接，使用黏土搭建电路可以充分发挥孩子的想象力，让他们体验搭建的快乐。

二、实践与拓展

　　与黏土性能相似的材料还有很多，如橡皮泥、轻黏土、油性胶泥等。对于中高年级学段或有一定电学基础的学生，可以引入导体与绝缘体的概念进行验证实验，甚至可以就连接多个灯泡的电路类型进行分析等。黏土电路这节课就像黏土本身的属性一样，弹性拓展的空间很大。

三、改进与优化

　　由于黏土的电阻相对较高，有一些颜色的 LED 灯珠会出现亮度不够的情况。可选择的 LED 灯珠类型有限，为了保证灯珠的亮度，只能使用纽扣电池组来提高整个电路的电压，从实验成本和耐用性上来说，本节课实验的性价比不算高。

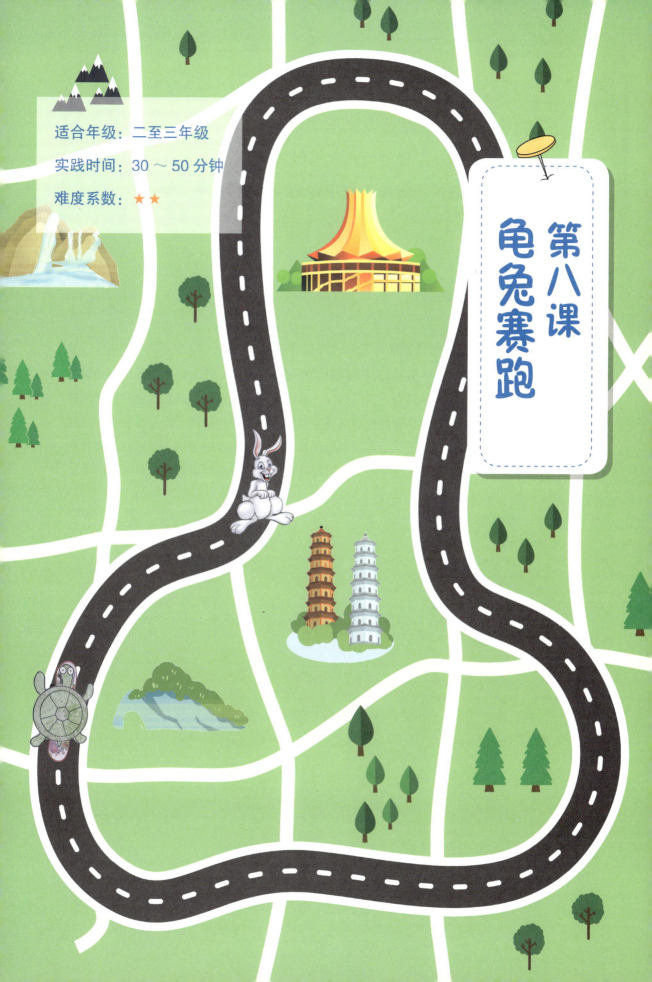

适合年级：二至三年级

实践时间：30 ～ 50 分钟

难度系数：★ ★

第八课
龟兔赛跑

跨学科概念：	物质与能量
核心概念：	物质的结构与性质
子概念：	物质具有一定的特性与功能、磁性、"同极相斥、异极相吸"

教学思路

　　本节课的教学重点是让学生了解磁铁具有磁性，磁铁之间具有"同极相斥、异极相吸"的特性。引导学生通过观察现象了解磁铁可以吸引铁、钴、镍等部分金属制品，再通过实验认识磁铁具有"同极相斥、异极相吸"的特性，最后根据对科学原理的理解，利用材料制作龟兔赛跑游戏道具。课程从学生的生活经验出发，结合实际现象引导学生理解磁性和磁极，运用逆向思维辨别无标志磁铁的磁极，用已知磁极找出未知磁极，进而灵活应用磁极特点进行游戏道具的设计，最终完成比赛测试。

教学目标

一、科学观念

　　学生通过观察生活中磁铁可以吸引部分金属物品的现象，认识磁铁"同极相斥、异极相吸"的特性。

二、科学思维

　　学生通过观察与分析磁铁间实际的相互作用，概括出磁铁具有"同极相斥、异极相吸"的特性。

三、探究实践

　　学生根据磁铁的物理特性设计实验方案，制作并调试龟兔赛跑游戏道具。

四、态度责任

　　引导学生通过观察现象、探究实验等活动，对生活中的磁性物质产生探究兴趣。

教学环节	学生技能 / 思维过程	学生探究环节
情景导入	寻找身边可以吸引铁、钴、镍的物质	拿出回形针材料包，寻找教室中的磁铁
观察验证	观察磁铁，认识磁铁的两极，理解磁铁磁性的特点	观察磁铁并讨论磁铁上包含的有用信息
探究实践	动手实践，将不同磁铁的两极相互靠近并观察，得出磁铁"同极相斥、异极相吸"的特性	理解磁铁磁极间的特性
设计制作	利用磁铁"同极相斥、异极相吸"的特性设计龟兔赛跑游戏道具，并完成比赛	使用材料完成龟兔赛跑游戏道具的设计与制作
总结启发	回顾龟兔赛跑游戏道具的使用方法和工作原理，找一找生活中是否有相似性质的物品	回顾方法与知识点，寻找生活应用

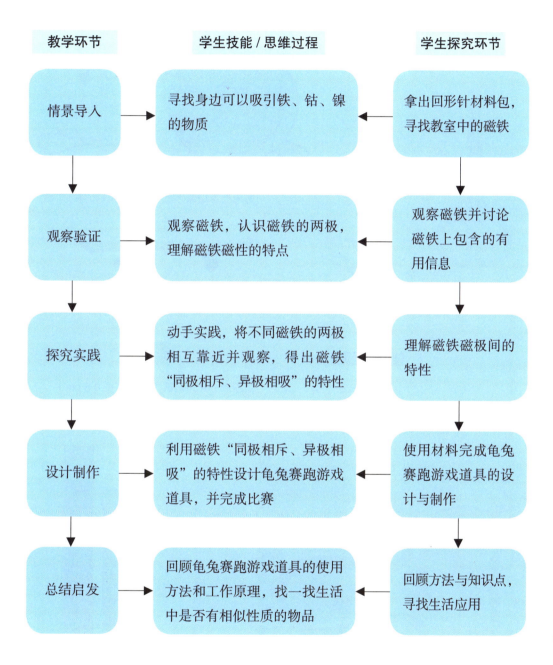

第八课 龟兔赛跑

教学准备

一、学生实践材料准备

剪刀 1 把

回形针 10 枚

龟兔形象造型卡纸（10 cm×10 cm）1 套

3M 双面胶带 2 块（1 cm×5 cm）

玩具滑板车 1 个（2 cm×9 cm）

小号条形磁铁 1 枚

圆形小强力磁铁 1 枚（直径 0.5 cm）

二、教师教学材料准备

直尺 1 把

自定义地图 1 张（60 cm×60 cm）

中号、大号、特大号条形磁铁各 1 枚

教学过程

一、情景导入：聚集磁铁，黑箱导入

1.情景环节设计

情景主题	教师活动	学生活动	设计意图
磁铁能吸引什么	引导学生对磁铁吸引和不吸引的物质进行分类并归纳各自特点	观察磁铁吸引和不吸引的物质并对它们的属性进行分类	引导学生通过观察磁铁的吸引现象来对被吸引和不被吸引物质的属性进行分类

2.思维导图设计

用环抱图来记录磁铁吸引和不吸引哪些物质。

磁铁 ⎰ 吸引物质：

不吸引物质：

3.片段实录

师：老师准备了一个小盒子，将1枚回形针和1块胶带放在上面，然后旋转盒子，你们观察发生了什么？

生：胶带掉了下来，回形针没有。

师：为什么呢？

生：哦，我知道了，盒子里有磁铁，磁铁能吸铁。

师：是不是像同学们猜的那样呢？我们再做一组实验，这次老师放上1枚小铁钉和1段吸管，你们再观察。

生：铁钉也被吸住了，盒子里肯定有磁铁。

师：好，现在老师打开盒子。看，盒子里果然藏了1枚磁铁。

教学意图：通过一个小盲盒实验来导入磁铁，强化学生关于磁铁吸引什么物质的认知。

师：那么，你们是怎么判断出来的呢？哪位同学说一说理由。

生：因为磁铁能吸住含铁的东西，回形针和小铁钉都是铁做的。

师：很好，这位同学说出了磁铁吸铁的特性。那么，磁铁除了吸引铁，还会吸引别的物质吗？

第八课 龟兔赛跑

生：老师，我知道磁铁会吸引金属而不吸引非金属。

师：这位同学总结得很好。那么什么是金属，什么是非金属呢？同学们可以通过完成一个思维导图来记录你们在日常生活中所认识的金属物品和非金属物品。

二、观察与探究

环节一：对比观察与测量磁力距离

1. 情景环节设计

情景主题	教师活动	学生活动	设计意图
吸引与排斥的距离	引导学生进行对比观察并测量数据、做好记录，依据数据进行推论	观察并测量不同磁铁组合相吸和相斥的情况	引导学生测量探究磁铁间的相斥距离，为后面的道具制作作铺垫

2. 探究表格设计

磁铁组合	含铁物质与条形磁铁	含铁物质与大磁条	含铁物质与强力磁铁	条形磁铁与大磁条	条形磁铁与强力磁铁
相吸距离					
磁铁组合	条形磁铁与条形磁铁	条形磁铁与大磁条	条形磁铁与强力磁铁	大磁条与强力磁铁	强力磁铁与强力磁铁
相斥距离					

3. 片段实录

师：刚才同学们看到，老师在盒子里放了磁铁，就可以隔着盒子把金属物体给吸引住，这是磁铁的一个什么特性呀？

生：隔空吸物。

师：嗯，磁铁确实隔着一段距离就可以吸引物体。同学们可以将1枚回形针和1枚条形磁铁互相靠近感受一下。

生：老师，磁铁还没完全靠近回形针，回形针就被吸过来了。

师：现在老师交给同学们一个任务，测量一下你们手中的磁铁能吸引到回形针的最远距离。这个任务中我们需要借助什么工具呀？

生：直尺。

师：同时老师还给同学们准备了其他型号的条形磁铁，我们一起来进行一系列对比测试，看看哪种磁铁可以在距离最远处吸引到回形针？你们可以先猜一猜。

生：（自由回答）

师：刚才我们进行了几组铁与磁相吸的实验，验证你们的猜测了吗？我们还知道了磁铁与磁铁之间会发生什么？

生：同极相斥、异极相吸。

师：很好。现在我们利用磁铁同极相斥的性质再进行一系列测试，比较哪个磁铁组合互相排斥的距离最远。

教学意图：以同样的方式进行相斥距离测量时，提醒学生对磁铁之间的组合做出基本判断，以便后期制作道具时的选择。

4. 操作参考

第一步：进行对比实验，测量不同型号磁铁的磁力距离。

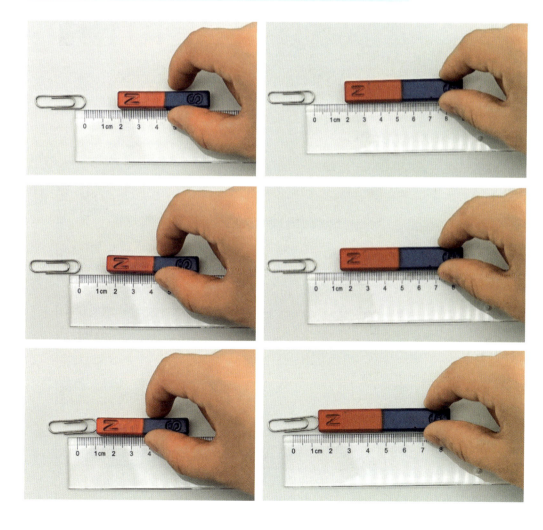

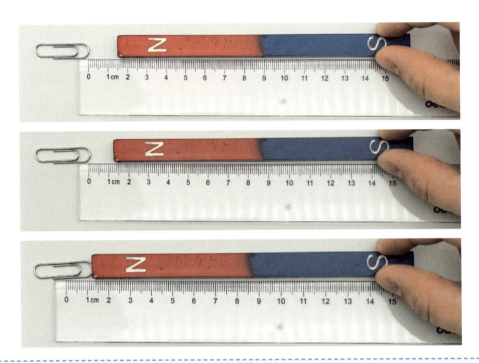

小贴士：由于磁铁吸引回形针的速度较快，而且产生磁吸现象的反应距离较短，可以让学生分组进行多次测量，以减少测量上的误差。

第二步：观察磁力大小变化。

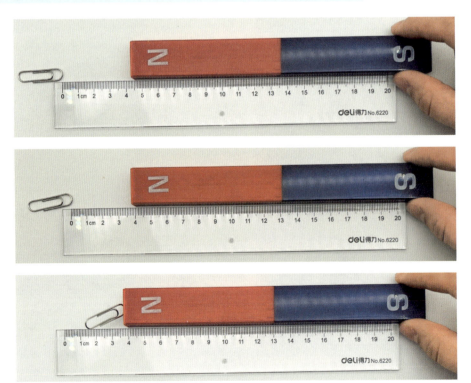

通过使用小号、中号、大号 3 种教学用型号的磁铁进行检验测量发现，其吸引范围在 1.3 ~ 1.6 cm，对应的是 500 ~ 650 Gs 的铁氧体磁铁。考虑到磁铁本身可能存在的品控差异和磁力损耗，以及学生在测量过程中的误差，此环节使用磁铁进行对比实验的结果更倾向于"同种工艺的磁铁无论大小，磁吸距离基本相同"。

当使用特大号（18 cm）的条形磁铁时，由于其磁力达到 1500 Gs，对回形针产生的磁吸现象更为明显，学生更容易观察到磁铁与物体之间的距离与磁力大小的变化差异。

环节二：设计与制作龟兔赛跑游戏道具

1. 情景环节设计

情景主题	教师活动	学生活动	设计意图
龟兔赛跑游戏	简述龟兔赛跑故事，说明游戏规则，引导学生制作龟兔赛跑游戏道具	利用磁铁的特性制作龟兔赛跑游戏道具	引导学生利用磁铁"同极相斥、异极相吸"的特性开展制作，考验学生结合生活材料、利用工具进行作品实践的能力

2. 片段实录

师：龟兔赛跑的故事相信同学们都知道，兔子输了之后很不服气，说自己只是轻敌在路上睡着了，再比一次一定不会手软。今天我们用磁铁来设计一场新型的龟兔赛跑游戏。

师：在材料包中，你们可以选择乌龟或兔子卡纸作为你们此次比赛的身份，用滑板车来当它的脚。我们如何利用磁铁使乌龟和兔子跑起来呢？

生：用磁铁相互吸引。（用磁铁相互排斥……）

师：2 种方式都可以，但是有一个要求，就是不能使 2 枚磁铁相互接触，一旦接触就要重回比赛起点。接下来我们开始制作龟兔赛跑的小道具，然后完成比赛。

小贴士：根据规则分析，结合学生测试过程，理解此游戏中"异极相吸"并不是最佳驱动方式，应采用"同极相斥"的方式促使滑板车运动。

3. 操作参考

自制龟兔赛跑游戏道具。

① 裁剪下卡通造型。

② 剪下一小块正方形的胶带。

③ 揭掉胶带一面的离型纸，将胶带粘至滑板其中一端的下方。

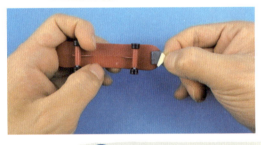

④ 揭掉胶带另一面的离型纸，将一枚小强力磁铁粘至胶带处。

⑤ 剪下一段长一些的胶带。

⑥ 揭掉胶带一面的离型纸，将胶带粘至滑板上方。

 将造型卡纸粘在滑板上方。

情况一：滑板下磁铁位于"乌龟"尾部一端，将条形磁铁悬空，与滑板下磁铁处于同一高度，缓慢往前移动条形磁铁。

结论：运动过程中易造成错位吸引现象。

 根据"同极相斥"原理，用条形磁铁带动"乌龟"运动。

情况二：滑板下磁铁位于"乌龟"尾部一端，将条形磁铁放置于桌面上，缓慢往前推动条形磁铁，使滑板后端产生驱动"乌龟"向前的力。

情况三：滑板下磁铁位于"乌龟"头部一端，将条形磁铁举于"乌龟"头部上方，使滑板前端产生驱动"乌龟"向前的力。

课程总结与分享

一、评介与总结

龟兔赛跑游戏是对《科学》教材中认识磁铁课程的拓展。低年级学段的学生对磁铁两极及其特性一般都有一个基本的认识，但对磁力的大小仍只有一个抽象的概念。课程结合同一学段数学课中使用直尺测量的方法及磁力隔距相吸相斥的特性，设计不同磁铁组合的分组对比观察实验，让学生测试出不同磁铁的磁力大小，以此为基础设计出一组相吸或相斥的龟兔赛跑游戏道具。对于低年级学段学生而言，龟兔赛跑是一节将语文课中的寓言故事与数学课中测量工具的使用方法进行跨学科融合的科学实践课程。

二、实践与拓展

龟兔赛跑游戏是一个主题沉浸式活动，目的是让学生探索磁铁吸引力和斥力的应用与实践。从双磁铁的吸引力和斥力运动到多磁铁的力平衡，或是通过磁力控制使物体悬浮在空中，都是与磁悬浮相关的经典实验。这些实验旨在让学生深入了解磁力的特性和运用，在探索中培养他们的创造力和实践能力。

三、改进与优化

龟兔赛跑地图的设计会直接影响学生最终参与游戏的积极性。如何从游戏的参与体验过渡到反思科学原理的运用与转化，也是此类课程需要认真思考的问题。

适合年级：二至三年级

实践时间：40 ～ 50 分钟

难度系数：★ ★ ★

第九课

制作电磁铁

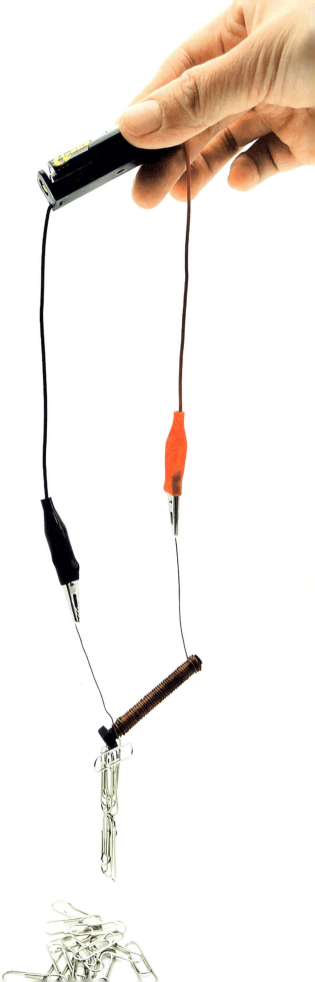

跨学科概念：	物质与能量、结构与功能、稳定与变化
核心概念：	物质的结构与性质
子概念：	磁铁、电磁铁的特性与功能

 教学思路

　　本节课的教学重点是让学生通过小组讨论、操作实验等方式体会电磁铁的性质。从生活中磁铁的应用出发，引导学生观察生活中常见的磁吸现象，从电磁铁产生的磁吸现象中理解电生磁的原理，再根据所学的科学原理辅以提供的实践材料制作简单的电磁铁。课程通过工具的使用引导学生观察和理解电生磁的现象，并利用物质的特性来设计并制作电磁铁，通过实验测试认知电磁铁的特点，了解技术与工程实践的一般过程和方法。

 教学目标

一、科学观念

通过实践活动，引导学生认识电磁铁通电后产生磁性、断电后磁性消失的特性。

二、科学思维

学生利用分析方法归纳概括电磁铁的磁性强弱分布及磁极特点。

三、探究实践

学生对生活中常见的磁吸现象进行解释，并利用材料自制简单的电磁铁。

四、态度责任

让学生观察生活中使用磁吸原理工作的物品或工具，激发学生的好奇心及对生活现象的探究热情。

教学流程

教学环节	学生技能／思维过程	学生探究环节
情景导入	观察生活中经常用到磁铁的场景	结合生活认知，积极表达观点
提出问题	以比较磁铁与电磁铁的异同为切入点，引导学生思考电生磁的原因	引发内心疑问，对原因进行猜想
探究发现	理解电生磁的效应，了解电磁铁的结构	观察认识电磁铁大致结构
设计制作	观察电磁铁的特点，根据其工作原理设计并制作出简易的电磁铁	使用材料实现电磁铁的设计与制作
深入探索	使用电磁铁进行实验，了解电磁铁的磁性和磁极特点	通过观察实验现象，归纳电磁铁磁性强弱分布和磁极特点
总结拓展	回顾磁铁的特点，总结电磁铁磁力大小的影响因素	回顾知识点，总结实验的方法与结论

第九课　制作电磁铁

111

教学准备

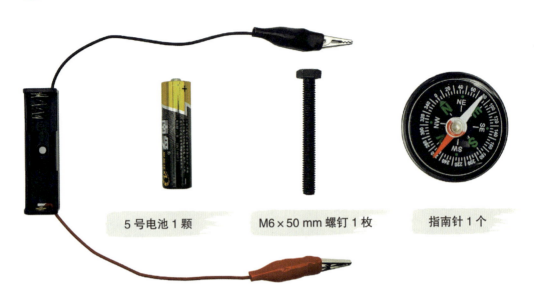

5 号电池 1 颗　　M6×50 mm 螺钉 1 枚　　指南针 1 个

带鳄鱼夹的电池盒 1 个

回形针 8 ～ 10 枚

直径 0.7 mm 漆包铜线 1 m　　120 Cw 砂纸 1 片

教学过程

一、情景导入：生活中磁铁的应用

1. 情景环节设计

情景主题	教师活动	学生活动	设计意图
生活中用到磁铁的情景	引导学生以小组比赛的形式举例生活中用到磁铁的情景，并通过展示图片启发学生思考磁铁的更多应用情景	回想生活中磁铁的应用情景	通过小组游戏，启发学生思考生活中磁铁的众多应用情景

2. 思维导图设计

通过气泡图记录生活中与磁铁相关的物品。

3. 片段实录

师：在我们的生活中，都有哪些地方会用到磁铁呢？现在我们以小组的形式进行比赛。比赛过程中，每轮每个小组需要说出一个答案，但均不得与说过的答案重复。无法说出答案的小组直接淘汰，剩下的小组继续回答，能说出最多磁铁应用情景的小组获胜。（限时 3 分钟，引导各组进行内部讨论并汇总答案）

师：好，第一轮开始，请各组依次进行回答。

教学意图：让学生在比赛过程中意识到策略的重要性，小组内部准备的答案可能会被其他组说出，越是常规的答案越适合放在前面的轮次进行回答。同时鼓励学生多观察生活，积极思考生活中与科学相关的现象。

师：经过刚才的比赛，相信同学们已经对磁铁的应用有了更多的了解。我们来总结一下，生活中究竟都有哪些地方用到了磁铁？

生：指南针、冰箱贴、磁铁扣子、书包磁扣……

第九课 制作电磁铁

师：磁铁的不同用途利用了它不同的特性。以指南针为例，指南针之所以能够指示南北，是因为地球就像个大磁铁，磁铁之间异极相吸，使指南针可以始终指向南北。那么，请大家分析一下其他的应用分别利用了磁铁的什么性质？

生：冰箱贴是利用磁铁具有磁性、可以吸引金属门框的性质；磁扣也是利用磁铁能够吸引某些金属材料的性质。

二、探究实践

环节一：从观察比较中发现问题

1. 情景环节设计

情景主题	教师活动	学生活动	设计意图
电磁起重机的工作场景	对学生进行提问，启发学生对磁铁与电磁铁产生的现象进行观察与思考	通过观察磁铁与电磁铁产生的现象，认识两者的异同	引导学生通过观察视频与现象比较磁铁与电磁铁的异同

2. 思维导图设计

通过圆圈图比较磁铁与电磁铁的异同。

磁铁　　　相同点　　电磁铁

3. 片段实录

师：同学们刚才说了许多磁铁在生活中的应用，老师也来介绍一个运用磁铁特性的大家伙，同学们请看视频。（播放电磁起重机工作视频）

师：视频中展示的起重机，可以完成吸住一堆金属又放开的工作。它与我们日常看到的磁铁有何不同？（通过电磁铁吸金属实验示范甩金属动作）

生：起重机可以轻松放开金属，而一般的磁铁不能。

师：刚才有同学说起重机上也有一块大磁铁，我们生活中的磁铁一般都是吸住金属就不松开了的，为什么起重机能轻松地放开金属呢？

生：是不是它可以让磁铁失去磁性啊？

师：这位同学说得对。其实起重机的吸盘部分是一个电磁铁，通电的时候，吸盘就有磁性，就能吸引金属物品；断电的时候，磁性消失，金属物体就落下来了。

生：老师，那这个吸盘是怎么做的？

师：老师这里有一个制作完成的电磁铁模型，请你们观察它的神奇之处。

教学意图：演示制作完成的电磁铁作品，展示电磁铁吸引和放开某些金属制品的过程。

师：当导线接通和导线断开时分别发生了什么变化？

生：导线接通时，装置带有磁性；导线断开时，装置磁性消失。

师：由铁轴和导线等组合在一起的装置，本质上是一个带有铁芯的螺线管，我们称之为电磁铁。当导体内有电流通过时，导体的周围便产生磁场，也就表现为电生磁。

环节二：设计与制作电磁铁

1. 情景环节设计

情景主题	教师活动	学生活动	设计意图
制作简易电磁铁	指导学生完成电磁铁的制作	根据教师引导，完成电磁铁的制作	加深学生对电生磁相关知识的认识与理解

2. 思维导图设计

通过环抱图记录电磁铁的结构。

3. 片段实录

师：刚才我们观察到了电磁铁是如何工作的，那么哪位同学来说一说，一个电磁铁由哪些部分组成？

生：电池、铁棒、铜线。

师：嗯，同学们观察得很仔细，说的都很全面。但老师要纠正一个表述，就是有同学提到的铜线，虽然它是铜做的，但因为其表面包裹了一层保护漆，所以我们叫它漆包铜线。这也是我们一会儿制作一个电磁铁能否成功的关键。

生：老师，为什么铜线要包一层保护漆呢？

师：这层保护漆主要起到的作用是绝缘，也就是这根铜线表面是不导电的，只有线的两端才能导电。

师：好了，我们已经了解了电磁铁的结构，接下来，请在老师准备好的材料包里找到对应的材料。请大家观察老师的模型中都用了哪些材料？

生：电池、电池盒、螺钉、漆包铜线……

师：一起来制作一个有趣的电磁铁吧。

4. 操作参考

第一步：制作电磁铁线圈。

 右手拇指与食指拢住螺纹与漆包铜线，左手旋转螺钉顶帽。

 绕完螺钉主体，预留 5 ～ 6 cm 的线长，用剪刀剪断。

第二步：刮去铜线上的绝缘漆。

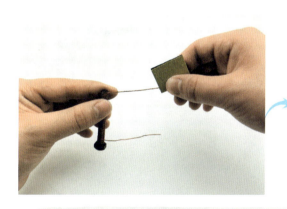

用砂纸刮出 1 ～ 2 cm 的无漆铜线，刮漆时要注意不能有太多的漆面残留，否则可能会导致电路接触不良。

第三步：认识电池正负极并正确安装好电池盒。

小贴士：需要强调正确安装电池盒的方式为电池正极对应电池盒正极安装，否则容易导致短路而影响后续实验。

挤

压

第四步：连接电磁铁。

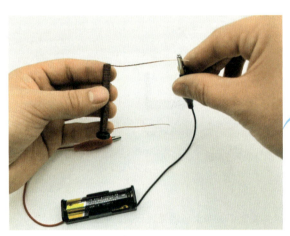 

第五步：检测电磁铁磁性。

 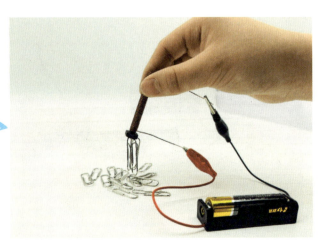

环节三：认识电磁铁的磁场

1. 情景环节设计

情景主题	教师活动	学生活动	设计意图
探究电磁铁磁场	引导学生设计验证实验来完成对磁场效应的验证	利用作品设计出探究磁场的方案	认识电磁铁的磁极特点，了解电磁铁的磁性强弱分布

2. 片段实录

师：我们发现电磁铁与磁铁有着一样的磁极特点，那么电磁铁是否也像磁铁一样存在着磁场呢？我们应该怎么检验？

生：我知道，可以用铁粉。

师：很好，还有什么方法呢？

生：用指南针也可以。

教学意图：引导学生用指南针进行实验操作，进而发现电磁铁存在两极。同学之间也可利用彼此制作的电磁铁间的相互作用感受电磁铁极性的存在。

3. 操作参考

可以将指南针摆放在电磁铁的不同方位，观察电磁铁磁场对指南针的影响。

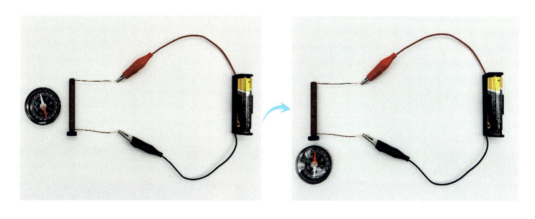

课程总结与分享

一、评介与总结

电磁转换的知识点虽然不是小学科学课程标准低年级学段内容，但是基于低年级学段学生对磁铁的热衷程度及电磁铁制作的难度，把电磁铁作为磁铁主题的科学拓展课程放在同一学段进行设计，可以更好地向学生展示这两种科学行为（现象）相似但原理完全不同的物体的异同。而且从电磁铁制作的成功率与学生的体验效果来看，本节课能激发学生对探究生活中的磁应用背后的真实技术的兴趣。

二、实践与拓展

根据课程时长与学生反应，可以以漆包铜线的绕圈数与电压为假设变量进一步探究其与磁力大小的关系。利用电生磁的特点，制作简单的电磁铁装置，并通过改变装置的线圈数改变磁力大小。

三、改进与优化

条件允许的情况下，使用直径略粗的漆包铜钱可以更方便学生对漆进行打磨和对铜线进行缠绕。在测试磁力的过程中，提醒学生不要通电过久，否则电池容易发烫且会快速消耗完电能。

适合年级：一至二年级

实践时间：30 ～ 40 分钟

难度系数：★ ★

第十课
气球反冲火箭

跨学科概念:	物质与能量、稳定与变化
核心概念:	物质的运动与相互作用
子概念:	力是改变物体运动状态的原因、相互作用力

 教学思路

　　本节课的教学重点是让学生认识到物体受到力的作用会发生运动状态的改变。课程从了解火箭发射的过程出发，引导学生对火箭发射的动力作出合理猜想，再通过类比气球放气起飞瞬间的现象，揭示火箭发射的真实原理，最后指导学生完成气球定向运动的实验。课程借助火箭发射过程引导学生思考现象背后的原理，学会利用类比的方式认识事物的特征，举一反三，用辩证的观点分析问题，发散思维并完成探究实验。

 教学目标

一、科学观念

　　学生通过观察和分析气球放气起飞瞬间的现象，认识到力能够改变物体的运动状态。

二、科学思维

　　学生猜想火箭发射现象背后的原理，通过类比气球放气起飞瞬间的现象，加深对力的相互作用的认识。

三、探究实践

　　学生根据对火箭运动及气球运动原理的理解，利用提供的材料完成气球反冲火箭的定向运动实验。

四、态度责任

　　引导学生留心观察常见的生活现象，对生活现象背后的科学原理产生好奇心和探索欲。

教学流程

教学环节	学生技能／思维过程	学生探究环节

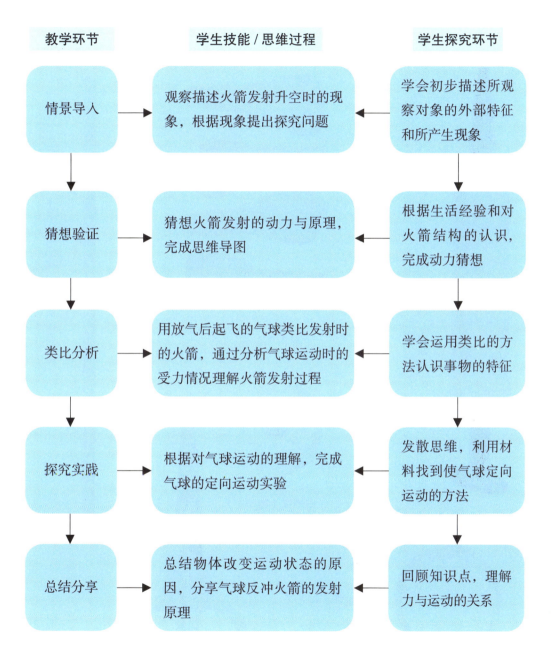

情景导入	→	观察描述火箭发射升空时的现象，根据现象提出探究问题	←	学会初步描述所观察对象的外部特征和所产生现象
猜想验证	→	猜想火箭发射的动力与原理，完成思维导图	←	根据生活经验和对火箭结构的认识，完成动力猜想
类比分析	→	用放气后起飞的气球类比发射时的火箭，通过分析气球运动时的受力情况理解火箭发射过程	←	学会运用类比的方法认识事物的特征
探究实践	→	根据对气球运动的理解，完成气球的定向运动实验	←	发散思维，利用材料找到使气球定向运动的方法
总结分享	→	总结物体改变运动状态的原因，分享气球反冲火箭的发射原理	←	回顾知识点，理解力与运动的关系

教学准备

一、学生实践材料准备

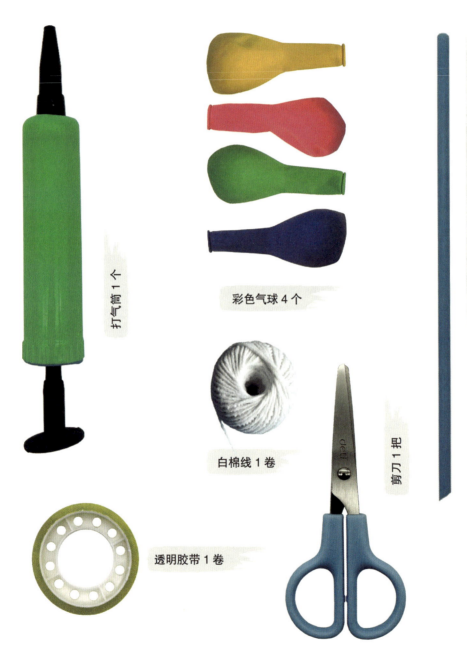

打气筒 1 个

彩色气球 4 个

白棉线 1 卷

透明胶带 1 卷

剪刀 1 把

彩色细吸管 1 根（直径 0.6 cm × 长 23 cm）

二、教师教学材料准备

视频材料：火箭发射过程相关音频、视频。

教学过程

一、情景导入：观察现象，发现问题

1.情景环节设计

情景主题	教师活动	学生活动	设计意图
火箭发射过程	带领学生观看火箭发射过程视频	观察火箭发射时的现象，通过记录流程图来加深对现象的印象	通过播放火箭升空视频和进行师生互动，引导学生观察火箭发射过程并学会记录现象发生的顺序与流程

2.思维导图设计

记录火箭发射流程图。

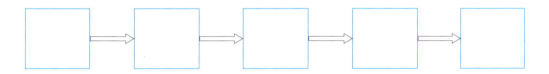

3.片段实录

师：老师这儿有一段视频，请同学们认真观看，然后回答老师的问题。（播放火箭发射过程视频）这视频记录的是什么呀？

生：火箭发射过程。

师：随着我们国家航天技术的发展，火箭发射越来越频繁。那么谁能告诉老师，火箭发射包括哪些步骤呢？

生：喷火、升空、爬升、分离……

师：好，同学们可以把你们认为的火箭发射的步骤顺序用流程图的形式写下来。接下来我们一边重温火箭发射过程，一边选一位同学来说出他认为的步骤顺序是什么。我们对比一下，看看是不是像他描述的那样。（再次播放视频）

师：我们刚刚看到的是搭载中国空间站梦天实验舱的长征五号 B 遥四运载火箭发射成功的画面。正如大家所描述的那样，在火箭发射过程中，点火后的火箭尾部会喷出大量高温气体。我们猜一猜，火箭是靠什么升空的？

生：（自由回答）

二、探究实践：猜想验证，探究实验

环节一：类比观察，认识反冲力

1. 情景环节设计

情景主题	教师活动	学生活动	设计意图
气球演示实验	引导学生利用气球演示实验理解火箭发射的原理	观察气球放气起飞瞬间的现象，与火箭发射过程做对比	通过类比帮助学生理解火箭的发射原理

2. 探究表格设计

对比各种形状气球的飞行轨迹。

气球形状	圆形	椭圆形	长条形	波浪形
飞行轨迹				

3. 片段实录

师：刚才观看火箭发射视频，我们看到火箭点火时产生了什么现象？

生：大量火焰向下喷出。

师：那么老师就有一个疑问了，为什么火焰明明向下喷，火箭却往上飞？我们该怎么验证关于火箭运动猜想的正确性呢？当我们研究的问题无法直接得到验证的时候，通常可以根据事物之间的相似性进行类比，以便了解事物的本质特征。我们研究的火箭发射过程可以类比生活中的什么现象呢？

生：导弹发射、飞机起飞……

师：大家想到了很多例子，听起来都和火箭发射相似，但是它们好像也很难进行验证。我们可以总结一下火箭发射的特点：一是有气体喷出，二是会飞出去。生活中，什么情况下会同时存在有气体喷出和飞出去这两种现象呢？

生：气球喷气的时候。

师：（拿出一个充满气的气球）老师将气球的充气口朝下，头部向上，松开充气口的瞬间，你们觉得气球会如何运动？

生：向上飞。（乱飞一通……）

教学意图：准备各种形状的气球来演示气球飞行现象，引导学生仔细观察不同形状气球的飞行轨迹并记录下来。

师：气球确实像火箭刚发射时那样，气球的气向下喷出，气球却向上运动。（捏住充满气的气球，让学生伸手到充气口下感受气球的气向下喷出）

师：你们感受到了什么？

生：有气。（有力……）

师：气的方向朝向哪里？

生：朝下。

师：又是什么推着气球向上运动呢？

生：也是气。

师：气向下喷出的过程中，充气口下的手会感受到向下的力，同时，气也会给气球一个向上的力，正是这个力推着气球向上运动。那么，与气球喷气过程相似的火箭发射的瞬间是怎样的呢？

生：火箭的高温气体向下喷出时，气体也会给火箭一个向上的力，让火箭发射出去。

师：很好，正是力的作用使气球和火箭的运动状态发生了改变。如果老师使气球充气口水平向左，你们猜想一下，松开充气口后气球将会如何运动？

生：向右。

师：为什么会这样呢？

生：喷出的气向左，会产生向左的力，气也会给气球一个向右的力，所以气球向右飞出。

师：（选一名学生持气球演示）那么如果气球的充气口水平向右，松开充气口后气球会向哪边运动？

生：向左。

师：（再选一名学生持气球演示）实验现象能够证明我们的猜想是正确的。不难得知，力的作用是相互的，气球和火箭内气体喷出，使气体有向下的力，气体也会给气球和火箭一个向上的力。不仅气球和火箭是这样，比如我们平时推墙的时候，墙也在推你；手拍桌子的时候，桌子会受力，但你的手也会疼。

第十课　气球反冲火箭

环节二：探究影响气球飞行轨迹的因素

1. 情景环节设计

情景主题	教师活动	学生活动	设计意图
改变气球的飞行轨迹	引导学生利用其他辅助材料改变气球的飞行轨迹	尝试用各种方式改变或影响气球的飞行轨迹	利用辅助材料帮助学生更好地找到影响气球飞行轨迹的因素，为后续探究做准备

2. 探究表格设计

比较与不同长度吸管搭配的气球的飞行轨迹。

吸管长度				
飞行轨迹				

3. 片段实录

师：我们刚才观察到，椭圆形和圆形的气球在放开充气口时飞行轨迹是不规则的，而条形的气球是沿着一定的方向飞行的。那么，我们有什么办法改变椭圆形和圆形气球的飞行轨迹呢？

生：（自由回答）

师：回顾一下刚才我们看到的火箭，对比一下，我们可以获得什么启发？

教学意图：引导学生观察不同气球在形状和大小上的区别，也可以从材料上进行引导和提示，让学生找出改变气球飞行轨迹的方法。

师：老师这里提供了吸管，我们应该如何让它和气球搭配起来呢？大家来动手试一试吧。

4. 操作参考

用不同长度的吸管搭配气球进行喷气实验。

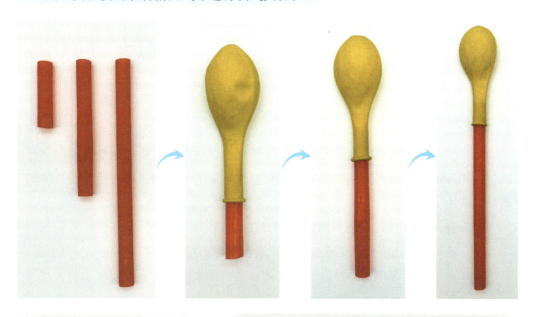

① 用剪刀剪取短、中、长 3 段不同长度的吸管。

② 取 3 个大小相同的气球分别套在 3 段不同长度的吸管上。

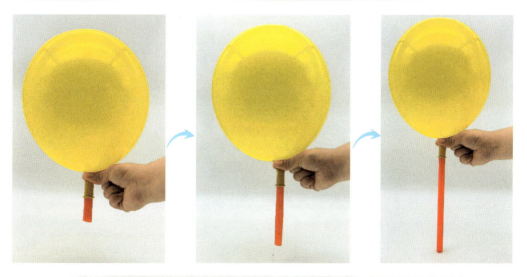

③ 依次给气球充满气，用手捏紧气球充气口防止漏气，让吸管贴近地面且与地面保持垂直，然后松手释放气球，观察其飞行轨迹。

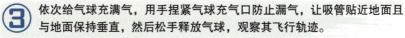

小贴士：a.选择口径与粗吸管直径相近的气球可以保证充气时的气密性。

　b. 根据实际情况也可以采用其他姿态来测试气球飞行轨迹，但必须确保吸管口贴近地面。

环节三：设计气球定向飞行方案

1.情景环节设计

情景主题	教师活动	学生活动	设计意图
气球定向移动实验	引导学生分析实验材料，使气球能够定向移动	完成气球的定向移动实验	启发学生利用现有材料解决问题，加深对力能改变物体运动状态的理解

2.片段实录

师：我们通过刚才的测试发现，将吸管与气球搭配虽然能够改变气球的飞行轨迹，但没有达到我们预期的目标。老师提供不同的吸管和白棉线给你们，你们有什么解决方案呢？

生：啊，我知道了，可以用线牵引着气球走。

师：那要怎么做呢？接下来就是你们自由发挥的时间。

教学意图：引导学生大胆想象，利用好每一种实验材料。可以根据材料提供引导和提示，但方案最好由学生提出。

3.操作参考

制作气球反冲火箭。

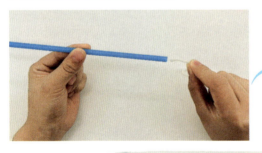 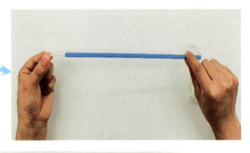

① 手持白棉线一端从吸管一端穿入，从另一端穿出。

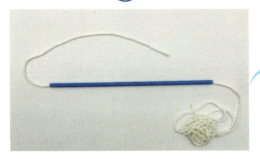 

② 将穿好线的吸管放在一旁备用。

③ 用打气筒给气球充气，气不宜过满。

④ 2名学生分工合作。其中一人用一只手捏紧充好气的气球，另一只手持吸管；另一人负责使用透明胶带。

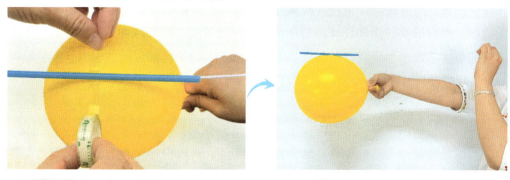

⑤ 用透明胶带将吸管粘在气球上，吸管口与气球充气口朝向相同。

⑥ 拉紧白棉线两端后，松开捏紧的气球即可试飞。

活动拓展：双气球实验。

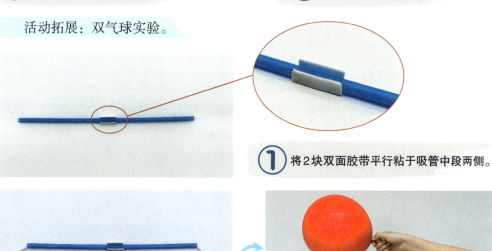

① 将2块双面胶带平行粘于吸管中段两侧。

② 将一段白棉线穿过吸管。

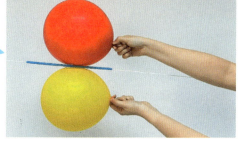

③ 将2个充好气的气球对称地粘在吸管贴了双面胶带的位置，一人双手捏紧气球充气口，一人拉紧白棉线，松开气球充气口即可试飞。

第十课 气球反冲火箭

课程总结与分享

一、评介与总结

气球反冲火箭是一节经典的科学课，在以往的设计中大多以让学生体验和认识反冲力为主，对于天生喜爱气球的低年级学段学生而言，这类课程很容易超出预期效果，但在实际课程表现上往往会变成老师怎么说孩子就怎么做的体验课。为了优化这个问题，本节课设计了许多前置环节，希望尽可能引导学生自己找出自我改进的方案。课程后续的操作设计环节中使用 2 根吸管夹 1 个气球和 2 个气球共用 1 根吸管的想法都源于学生自己的创意。学生提出了不同于教师设计的创意且实验取得成功，这就是这节课设计上的成功之处。

二、实践与拓展

利用气球反冲火箭的原理，结合吸管的特性，可以设计一种类似于火箭追逐赛的活动，使竞技与观察实践相结合。在这个实验中，可以探究不同大小的气球在同一直线或不同线路上速度的差异，帮助学生深入理解火箭发射背后的反冲力原理，并认识到该原理在火箭动力学中的重要性。当然，基于气球反冲力设计的课程还有许多，如反冲力小车、反冲力船等都是利用气球反冲力来提供动力的装置。

三、改进与优化

气球反冲火箭从设计上看是一节相对开放的课程。在使用吸管定向放飞气球的环节中，可以根据学生实践测试中出现的情况来引导学生进行探究，如引导线的长度、气球的充气量、飞行的角度等，而不应预设好某个方向。

适合年级：一至二年级

实践时间：30 ～ 40 分钟

难度系数：★ ★

第十一课
气球飞行器

跨学科概念：	物质与能量、稳定与变化
核心概念：	物质的运动与相互作用
子概念：	力是改变物体运动状态的原因、力的三要素

 教学思路

　　本节课的教学重点是让学生知道物体受力时会发生运动状态的改变，学习、体验力的三要素。引导学生从观察物体运动方式的改变出发，根据实例理解力的三要素，最终完成气球飞行器的制作与测试。课程从生活中一系列运动现象引入，结合学生的生活经验，通过大量实例引导学生理解原理，深刻体会力对物体的作用和力的三要素，最终学以致用，在知识点的启发下完成作品的制作与测试。

 教学目标

一、科学观念

　　学生通过分析物体间的受力情况与运动状态，知道力的作用效果与力的三要素有关。

二、科学思维

　　学生通过观察物体运动的方式，理解力是改变物体运动状态的原因。

三、探究实践

　　学生通过测试气球飞行器在不同条件下的运动状态和飞行距离，理解力的三要素对物体运动的影响。

四、态度责任

　　让学生对物体运动的现象及原因产生探究热情，并能够在探究力的三要素的过程中大胆表达自己的看法。

教学流程

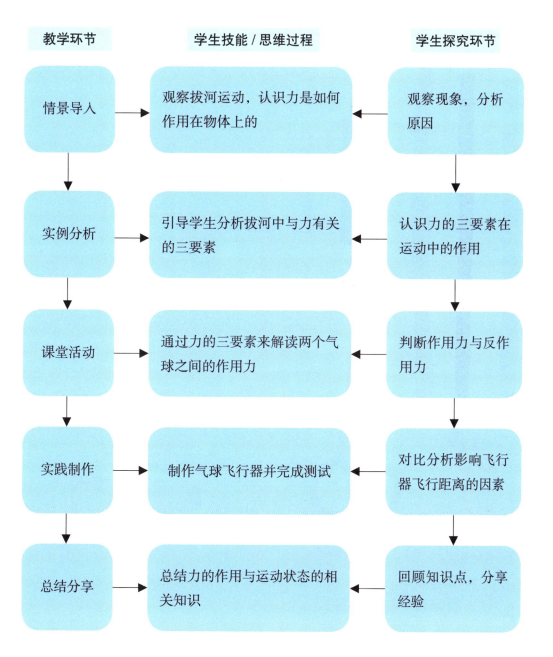

教学环节	学生技能 / 思维过程	学生探究环节
情景导入	观察拔河运动，认识力是如何作用在物体上的	观察现象，分析原因
实例分析	引导学生分析拔河中与力有关的三要素	认识力的三要素在运动中的作用
课堂活动	通过力的三要素来解读两个气球之间的作用力	判断作用力与反作用力
实践制作	制作气球飞行器并完成测试	对比分析影响飞行器飞行距离的因素
总结分享	总结力的作用与运动状态的相关知识	回顾知识点，分享经验

教学准备

一、学生实践材料准备

卡纸若干

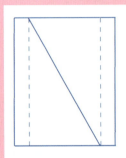

打气筒 1 个

长气球若干

剪刀 1 把

3M 双面胶带

二、教师教学材料准备

卷尺 1 把

教学过程

一、情景导入：引出力的三要素

1.情景环节设计

情景主题	教师活动	学生活动	设计意图
物体受到的力有什么不同	引导学生通过实例理解力的三要素	分析运动物体中的施力物体和受力物体，认识力的三要素	通过实例分析，引出力的三要素的具体内容

2.思维导图设计

通过树形图记录力的三要素。

3.片段实录

师：同学们都参加过拔河比赛吗？谁来描述一下拔河是一项怎样的运动？

生：我来说，拔河需要分成两组对抗，把对方那段绳拉过中点就能赢。

师：这位同学把拔河的基本情况描述出来了。老师这里也有一段拔河的视频，大家看，拔河时这条绳为什么会向一边移动呢？

生：因为那边的力气大。

师：对，力的大小是力的重要属性之一。在描述力的强度时，我们通常使用大小来表达，其单位为牛顿（N）。我们再看视频，两队选手为了获胜是怎样用力的？

生：他们都朝着自己队的方向用力。

师：对，这就是力的方向。力的方向是指力作用的方向，我们往哪个方向用力，力就朝哪个方向。

生：老师，力除了有大小和方向还有什么呢？

师：这个问题非常好！我们在让物体运动起来时，不管使用何种动作，都需要触碰到物体，我们触碰到物体的这个点就是力的接触点，也叫作用点。现在我

第十一课 气球飞行器

们可以归纳一下,力的三要素是什么?

生:大小、方向和作用点。

二、探究实践

环节一:认识力相互的关系

1. 情景环节设计

情景主题	教师活动	学生活动	设计意图
力是相互作用的	引导学生通过不同的体验感受相互作用的力	通过不同的体验测试感受力的相互作用	引导学生通过简单而具体的案例来认知一个抽象的概念,启发学生关注身边的科学

2. 教学板书设计

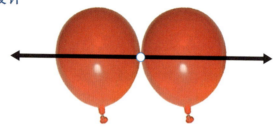

3. 片段实录

师:我们刚才通过对物体施加一个力让物体运动了起来,那么我们自己就叫作施力体,而运动的物体就叫作受力物。受力物不仅受到外力,同时也会施力。当我们双手用力去推墙壁时,会有什么感觉?

生:感觉好像墙也在推我。

师:这种感觉是对的吗?我们可以来做一个验证实验。老师这儿有两个打好气的气球,老师将一个气球固定在一端,另一个气球从另一端平移过来,同学们注意观察,当两个气球相互接触时,你们看到了什么现象?

生:两个气球都被挤变形了。

师:这说明什么呀?

生:说明一个气球在挤另一个气球时,也在被另一个气球挤。

师:是的,这说明一个气球在对另一个气球施加力时,也会受到另一个气球对它的反作用力。我们还可以通过单手击掌的方式来感受一下力的相互作用。(组织学生尝试)

生：老师，我现在明白了，当我左右手相互击掌时，左右手都会有被击打的感觉。

教学意图：鼓励学生多进行几次实践来分享他们对力的相互作用的感受，这有助于他们理解这一概念，同时引导学生举自己生活中遇到的例子与同学们分享。

环节二：制作气球飞行器并探究其飞行轨迹

1. 情景环节设计

情景主题	教师活动	学生活动	设计意图
制作气球飞行器	引导学生完成气球飞行器的制作与测试	制作气球飞行器，思考如何使气球运动得更远	引导学生动手完成气球飞行器的制作，让学生基于对力的三要素的理解完成气球飞行器的测试

2. 探究表格设计

固定翼的安装位置	第一次试飞的飞行距离	第二次试飞的飞行距离	第三次试飞的飞行距离	第四次试飞的飞行距离	第五次试飞的飞行距离
气球尾部					
气球中下部					
气球中部					

3. 片段实录及制作参考

（1）制作气球飞行器。

师：接下来，我们来制作一个有趣的气球飞行器。我们刚才用两个气球来体验了作用力和反作用力，现在你们可以先看老师的操作，老师用手指作为施力体，在气球的尾部挤压气球，然后松开抓住气球的手。发生了什么现象？

生：气球飞出去了。

师：气球是因为什么飞出去的？

生：受到了反作用力飞出去的。

师：同学们有没有观察到气球飞出去时的形态？

生：（自由回答）

教学意图：指导学生完成气球的充气、打结。引导学生利用反作用力使气球飞行，观察并描述其飞行轨迹，以便引入定向翼的制作与安装；或采用分组比赛的方式，鼓励学生想办法让气球飞得更远。

给气球充气、打结。

① 将气球套在打气筒上，匀速给气球充气。

② 将气球充气至八成满即可。充气时用手抓住气球充气口，尾部稍预留一部分长度以方便打结。

③ 充气完成后，左手捏紧充气口防止气球漏气，右手将气球尾部一部分拉扯成长条状，便于后续打结。

④ 左手继续捏紧充气口，右手扯动气球最尾端向一个方向转动，绕左手一圈进行打结。

⑤ 右手扯紧气球最尾端穿过绕左手的圈中，左手指迅速退出圈，右手捏紧充气口防止气球漏气。

⑥ 小心拉紧结，完成打结。

小贴士：在给气球充气前，用手抓住气球尾部以预留打结长度，预留出的长度越长，打结时就越轻松。

（2）测试气球飞行器。

师：我们马上要开始测试了，在这之前我们思考一下，如何才能让气球飞出去呢？

生：扔出去。（投出去……）（可以让学生进行尝试）

师：老师发现一个问题，刚才几位同学分别投出气球时，我们无法统一他们投出气球的力的大小和方向，甚至几位同学的作用点也不一样。

生：好像是的。

师：那么怎样才能更有效地测试气球的飞行距离呢？我们可以采用指压弹射法，这样可以保证给气球的作用力是一致的。

教学意图：引导学生选择力的三要素中的一个要素作为变量，连续完成 3～5 次飞行测试，记录下效果最佳一次的飞行距离。

师：我们在投掷或弹射气球使其飞行时发现有什么问题吗？

生：发现气球飞得不是很远。

师：你们仔细观察气球的飞行轨迹了吗？哪位同学可以说一说。

生：（自由回答）

师：同学们都发现了问题，也观察到了现象。回想一下，我们日常看到的飞行器，尾部会有什么共同的特征？

生：我知道了，是小机翼。

师：对，这个小机翼又叫固定翼，其作用就是为飞行器调节飞行方向。

生：老师，是不是我们给气球加上固定翼它就会飞得更远呢？

师：具体会怎么样呢？我们可以来测试一下。

教学意图：引导学生对添加了固定翼的气球进行飞行测试。这里可以选择的变量很多，可以根据课堂或学生的情况来选择，主要可以通过改变固定翼大小、固定翼位置和施力方式等进行测试。

第一步：完成固定翼的制作与安装。

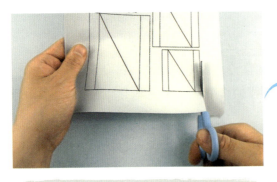

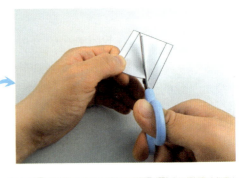

① 在卡纸上画出不同大小的固定翼，剪下同等大小的 2 对固定翼。

② 小心沿对角线剪开，尽量确保 4 个固定翼形状大小一致。

③ 将固定翼矩形一侧折起，使其与三角形固定翼形成 90° 夹角。

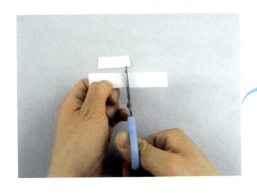

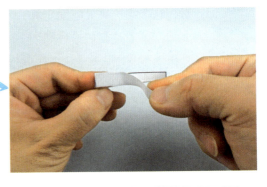

④ 剪下长度合适的双面胶带。

⑤ 将双面胶带粘贴到折起的矩形处。

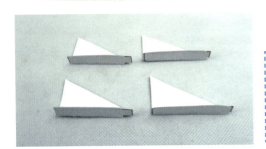

> 小贴士：固定翼的大小可以让学生根据实际情况自行设计，以便在测试飞行器时进行对比探究。

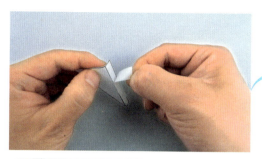

6 揭开固定翼处的双面胶带。

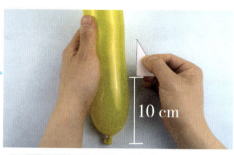

10 cm

7 选择气球上距离尾部 10 cm 处位置。

小贴士：粘贴固定翼时应比量好位置，尽量一次粘贴成功。若粘歪后想将固定翼撕离气球，易造成气球破损。

8 在选定位置将 4 个固定翼绕气球圆周等距粘贴。

第二步：对飞行器进行测试和记录。

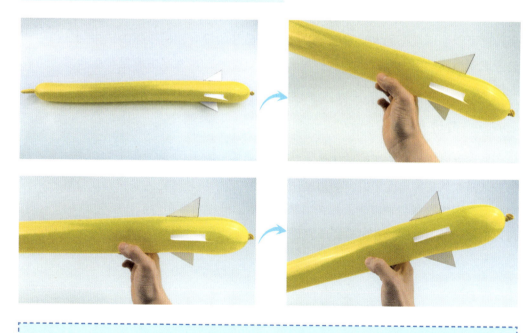

小贴士：a. 为避免误差过大，每个角度应进行 3 次测试，取最佳结果进行记录。

b. 注意引导学生在保持投掷气球作用点不变的情况下进行该项测试，如可一直保持作用点在距离气球顶端 2/3 的位置。

课程总结与分享

一、评介与总结

气球飞行器是一个很简单的装置，但趣味性很强。低年级学段的学生对气球有着天生的喜爱，只要可以玩气球就会非常兴奋。利用这个兴趣特征，把孩子感兴趣的气球和抽象的力结合起来，既能达到教学目的，也能满足孩子玩气球的意愿。为了方便开展探究，将原本设定的投掷气球飞行器的环节更改为运用作用力与反作用力的着力控制，以便对定向翼效果进行更客观的探究。在制作过程中，给气球打结可能是最影响学生实践进度的步骤，同龄群体所存在的系鞋带困难也属于同类问题。此处的设计不同于《气球反冲火箭》一课中尝试回避给气球打结的问题，因为有足够的时间让学生们学习、尝试，最终独立地完成气球打结。这也是将科学实践动手课程与生活技能相结合的一个设计点。

二、实践与拓展

可以通过还原热气飞艇的设计，用椭球形气球与固定翼的组合来进行课程的拓展。也可以使用投掷的方式进行比赛。课程最开始没有使用投掷方式来测试，主要是考虑到不同学生力量不平均及投掷角度难以统一，在测试中容易产生很多不可控的因素。

三、改进与优化

选择材质更好的长条形气球是成功的保证，一次性聚乙烯（PE）平口袋也是很好的替代品。从某种角度来说，如果使用一次性 PE 平口袋可能需要重新设计课程结构与方向，因为气球与平口袋虽然在形状上相似，但材料性能与制作工艺均有所不同，可以据此选择不一样的方向进行课程设计。

适合年级：一至二年级

实践时间：30 ～ 40 分钟

难度系数：★ ★

第十二课
纸杯飞行器

跨学科概念：	物质与能量、结构与功能
核心概念：	能量的转化与能量守恒
子概念：	能量的形式、转移与转化

 教学思路

　　本节课的教学重点是让学生知道能量可以相互转化，体验纸杯在飞行过程中势能转化成动能的原理。学生通过观察、测量乒乓球的回弹运动现象，进而思考生活中的能量转化现象，初步理解重力势能和动能相互转化、弹性势能和动能相互转化的原理。通过纸杯飞行器的制作与操控来理解皮筋的弹性势能转化为纸杯的动能的过程，并测试改进以获得纸杯飞行器的最远飞行距离。课程从实际现象出发，引导学生理解势能与动能的概念，结合生活现象分析物体能量的转化，用自制的作品模型进行实际测试，体会势能与动能的转化，并探究改进方案。

 教学目标

一、科学观念

　　学生通过分析物体的运动状态和位置变化，知道动能和势能可以相互转化。

二、科学思维

　　学生利用模型建构方法，分析出纸杯飞行器运动过程中的能量转化过程。

三、探究实践

　　学生依据对能量转化原理的理解，完成纸杯飞行器飞行距离的测试。

四、态度责任

　　让学生能在好奇心的驱使下积极主动地参与纸杯飞行器的制作和测试活动，并提出自己的见解。

教学流程

教学环节	学生技能/思维过程	学生探究环节
情景导入	观察生活现象，认识能量具有不同的形式，知道能量可以发生转化	结合生活经验，理解知识点
概念认知	通过观察、测量与记录乒乓球回弹高度来理解势能和动能的概念	认识能量形式，为深入理解能量转化关系打好基础
现象分析	通过对比生活中的现象来理解重力势能、弹性势能均可以与动能实现相互转化	通过具体现象，认知背后的原理
实验测试	完成纸杯飞行器测试实验，加深对能量转化的理解	探究弹性势能与飞行距离的关系
改进优化	改进纸杯飞行器测试实验，通过验证变量证明假设	探究影响纸杯飞行器飞行距离的其他因素
总结分享	总结纸杯飞行器发射经验，回顾能量转化知识点	回顾知识点，理解运动过程中势能和动能的转化关系

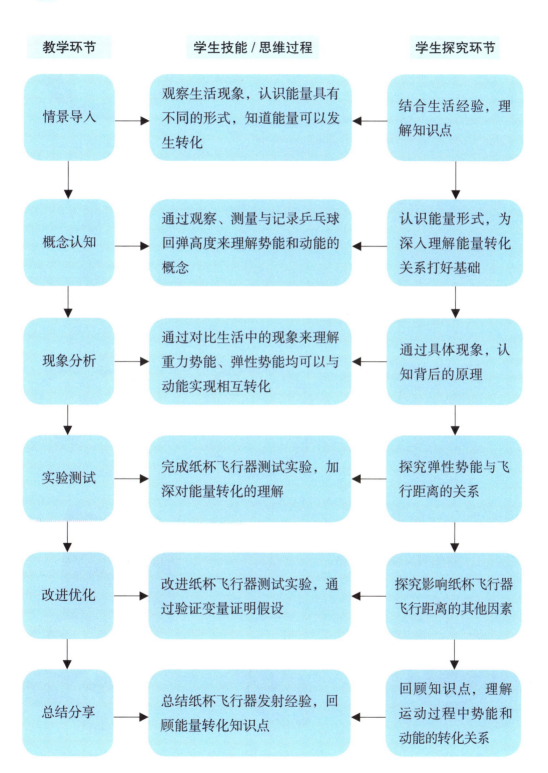

第十二课　纸杯飞行器

教学准备

一、学生实践材料准备

橡皮筋 10 根

180 mL 一次性纸杯 4 个

剪刀 1 把

60 mL 一次性纸杯 2 个

透明胶带 1 卷

二、教师教学材料准备

乒乓球 1 个

八音盒 1 个

卷尺 1 把

跳跳蛙 1 只

教学过程

一、情景导入：生活中的能量

1. 情景环节设计

情景主题	教师活动	学生活动	设计意图
能量会发生转化吗	根据实际现象，引导学生理解能量会发生转化	观察能量转化的实例，理解能量转化的原理	通过现象激发学生对能量转化的探究兴趣

2. 思维导图设计

利用圆圈图写出认识的能量形式。

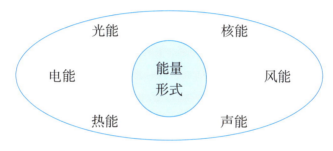

3. 片段实录

师：在日常生活中存在着各式各样的能量，你们知道能量都有哪些存在形式吗？

生：（自由回答）

师：声波震碎杯子，表明声音具有能量；水流不断运动，表明运动的水流也具有能量；光照温暖大地，表明阳光也具有能量；电能是常见的能量，可以驱动电器；汽油也具有能量，燃烧可以驱动汽车运行……

教学意图：可以展示实例图让学生进行观察，也可以在现场设计展示能量转化的实物，让学生理解能量存在的不同形式。

师：能量有这么多种存在形式，那么能量之间可以相互转化吗？

生：可以。

师：能否举出一些实例？

生：电池驱动电器工作，电能可以转化为动能或光能；太阳能发电将光能转化为电能……

师：很好，大家能够举出很多能量转化的例子。在我们的生活中，能量有电能、热能、光能、声能等不同的形式，这些不同形式的能量之间可以相互转化。

二、探究实践

环节一：能量转化的认知

1. 情景环节设计

情景主题	教师活动	学生活动	设计意图
势能与动能	引导学生认知势能与动能的概念	理解物体能量的存在形式中有动能和势能	利用现象让学生理解势能和动能的定义

2. 探究表格设计

记录乒乓球掉落高度与重力势能的关系。

测试内容	第一次	第二次	第三次	第四次	第五次
乒乓球掉落高度 /cm					
乒乓球回弹高度 /cm					

3. 片段实录

师：老师手中有一个乒乓球。你们觉得它有能量吗？理由是什么？

生：有（没有），因为……

师：当老师松开手，它将会发生什么？

生：会掉下去。

师：那么，它掉到地上的过程中具有能量吗？

生：乒乓球在运动，具有动能。

师：非常好，物体因运动而具有的能量被称为动能。当物体运动得越快时，拥有的动能就会越大还是越小呢？

生：运动越快，动能越大。

师：回到乒乓球的运动状态中，乒乓球的动能是从哪里来的？是凭空产生的吗？

生：地球给它的，不是凭空产生的。

师：说得对。地球表面的物体都会受到重力，乒乓球也不例外。物体由于地球的吸引而具有的能量被称为重力势能。因此，即使是静止在空中的乒乓球也具有重力势能。我们已经知道能量之间是可以相互转化的，那么，乒乓球的动能实际上是由什么能转化而来的？

生：重力势能。

师：当乒乓球在教室里分别处于距离地面 1 m 高度和 2 m 高度时，哪种情况下重力势能更大呢？

生：距离地面 2 m 高度时的乒乓球重力势能更大。

师：是的，通常物体相对位置越高时重力势能越大。乒乓球落地之前，在它的位置不断变低的过程中，动能和重力势能是如何变化的呢？

生：动能增大，重力势能减小。

教学意图：引导学生对乒乓球掉落高度与回弹高度进行测量与记录，以便理解高度与重力势能的关系。

师：老师手里有一只跳跳蛙玩具，该如何让它运动起来呢？

生：转动发条，它就会跳起来。

师：跳跳蛙有能量吗？有的话，是什么形式的能量？（演示跳跳蛙运动，引导学生仔细观察拧动发条后跳跳蛙的运动过程）

生：有，动能。

师：它的能量是凭空产生的吗？不是的话，来自哪里？

生：不是凭空产生的，来自跳跳蛙内部。

师：仔细观察可以发现，拧动发条的过程其实是一个储存能量的过程，跳跳蛙的内部有一个弹簧可以储存能量，我们松开手后跳跳蛙就开始跳动。弹簧具有的能量称为弹性势能，那么，跳跳蛙具有怎样的能量转化过程？

生：弹性势能转化为动能。

师：八音盒内部也具有弹簧，有弹性且可以储存能量。确实像大家所说的那样，它将弹性势能转化为了动能。骑自行车下坡时又有哪些能量的转化？

生：重力势能转化为动能。

师：下坡过程与物体从空中下落的过程相似，位置越来越低时，哪种能量减小？哪种能量增大？

生：重力势能减小，动能增大。

师：除了弹簧，皮筋也具有弹性势能。弹簧和皮筋都有弹性，拉长后有恢复成原始状态的趋势。当皮筋被拉长而变紧绷时，也是在储存能量。射箭时，你们觉得能量是如何转化的呢？

生：靠弓弦像皮筋那样被拉紧时储存的弹性势能转化成弓箭的动能。

师：能量的形式多种多样，我们主要认识了哪几种呢？

生：动能、重力势能、弹性势能。

环节二：纸杯飞行器的制作与测试

1. 情景环节设计

情景主题	教师活动	学生活动	设计意图
纸杯飞行器飞行过程中的能量转化	引导学生理解纸杯飞行器飞行过程中的能量转化	测试纸杯飞行器，测量其可以在空中飞行的最远距离	通过实验加深学生对能量转化的理解，找出使纸杯飞行器飞行最远的发射方式

2. 探究表格设计

记录弹性势能与纸杯飞行器飞行距离的关系。

皮筋缠绕圈数	顺时针缠绕时飞行距离	逆时针缠绕时飞行距离
1 圈		
2 圈		
3 圈		
4 圈		
5 圈		

3. 片段实录

师：今天我们来制作一个能将弹性势能转化为动能的小装置。我们将用到橡皮筋和纸杯，完成一个纸杯飞行器的制作。（引导学生完成制作）

师：纸杯飞行器该如何发射出去呢？

生：利用皮筋的能量把它发射出去。

师：仔细观察其飞行过程，我们的飞行器从发射到落地都经历了什么能量的转化？

生：重力势能转化为动能，弹性势能转化为动能。

师：我们发射纸杯飞行器的时候，把皮筋中的弹性势能转化成纸杯运动的动能；随着纸杯高度的降低，重力势能也会转化为动能。因此，其飞行过程中包含了两种势能转化为动能的过程。

4. 操作参考

第一步：制作纸杯飞行器。

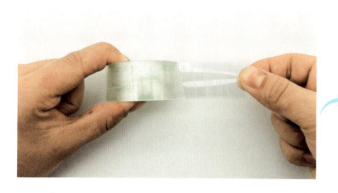

① 将胶带揭开备用。

② 拿出 2 个纸杯，将底部对齐。

③ 用左手拇指与食指捏住 2 个纸杯的底部。

④ 将揭开的胶带粘贴到 2 个纸杯底部连接处，使 2 个纸杯固定在一起。粘贴时可以将桌面作为依托。

⑤ 用剪刀剪去多余的胶带，一个纸杯飞行器就完成了。

第二步：学习用橡皮筋打环结。

① 将一根皮筋绕过另一根自然放置的皮筋，再穿到自身下方，将 2 根皮筋分为 4 个部分。标记**❶**为黄色皮筋右侧，**❷**为黄色皮筋左侧，**❸**为紫色皮筋下侧，**❹**为紫色皮筋上侧。

 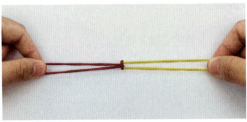

② 右手拉着**❶**不动，左手从下方拉动**❸**，完成打结。

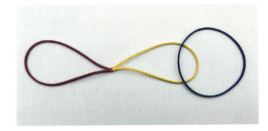 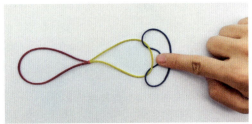

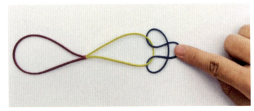 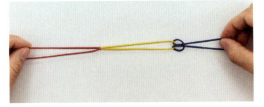

③ 按照同样的方式完成 4 根皮筋的连接。

第三步：发射纸杯飞行器。

提醒学生注意对比顺时针与逆时针缠绕两种情况的差别，顺时针缠绕并不利于发射。

【逆时针】　　　　　　　　　【顺时针】

第十二课　纸杯飞行器

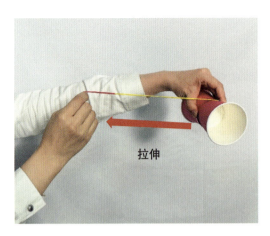

拉伸

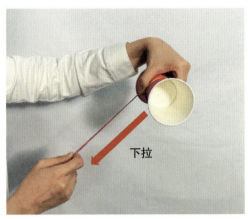

下拉

小贴士a：左手拇指一定要压紧皮筋的一端，右手在绕圈时尽量拉紧皮筋。

小贴士b：在发射时，可以将右手拇指穿过皮筋来进行发射方向的左右或上下调整。

第四步：完成纸杯飞行器的测试。

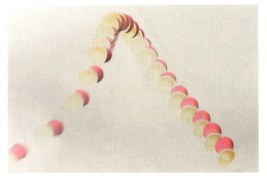

将皮筋外围一端套在右手拇指上方拉紧，左手手指同时松开与纸杯、皮筋的接触，将纸杯飞行器发射出去。

环节三：飞行器的改进与探究

1. 情景环节设计

情景主题	教师活动	学生活动	设计意图
动能和势能能够相互转化吗	引导学生分析现象，找出动能和势能的关系	通过具体现象，理解动能和势能之间可以相互转化	加深学生对能量转化的理解，为对纸杯飞行器飞行过程进行分析打好基础

2. 思维导图设计

利用气泡图记录与纸杯飞行器飞行距离有关的因素。

3. 片段实录

师：在弹性势能恒定的情况下，用什么方式可以增加纸杯飞行器的飞行距离？我们从纸杯飞行器的结构来考虑，你们认为飞行距离与什么有关？

生：可能与纸杯的大小有关。

师：有同学说与纸杯的大小有关，大小不同也就意味着什么不同？

生：形状不同。

师：如果我们想尝试改变纸杯飞行器的形状，你们说说有哪些方法？

生：老师，我们可以使用不同大小或不同材质的纸杯。

师：很好，有同学想到了替换纸杯的方法。如果我们想在不替换原有飞行器部件的基础上进行改变，可以怎么做呢？

生：我知道了，我们可以增加纸杯的数量。

师：很好！那我们用替换纸杯和增加纸杯的方法分别测试一遍吧，看看什么因素可以改变纸杯飞行器的飞行距离。

教学意图：引导学生对影响纸杯飞行器飞行距离的变量进行探究，通过改变纸杯的大小、材质甚至组成结构，对纸杯飞行器进行多次测试并记录数据。或引导学生开展分组对抗活动，使用纸杯飞行器在指定位置击落目标纸杯。

第十二课　纸杯飞行器

课程总结与分享

一、评介与总结

纸杯飞行器又叫马格努斯飞行器，是探究马格努斯效应的一个经典装置，其制作与操作难度虽然符合低年级学段学生的能力范畴，但其所探究的旋转物体与流体相互作用的关系远超此年龄段学生的理解范围。因此本节课从能量转化的角度出发，探究纸杯飞行器运动轨迹与相关变量的关系，引导学生以现象观察为基础，通过动手实践来理解和体验在弹性势能转化为动能的过程中有什么变量可以改变纸杯飞行器的运动轨迹。虽然同是研究流体力学的经典原理，但是切勿把伯努利效应与马格努斯效应放在一起让学生探究，因为此年龄段的学生还无法理解强调物体旋转与强调物体速度的关系，而且在流体运动中也很难把两者完全分开。但是基于这两个原理的经典装置制作难度都符合低年级学段学生的实践难度要求，可以让学生对这些简单好玩且含有深刻科学道理的实验进行设计和制作体验，从而激发他们对科学探究的兴趣。

二、实践与拓展

根据课程时长与学生的反应或学生的制作效率来进行以改变飞行器形态为方向的探究设计，可以提供多纸杯的方案让学生进行多形态的创作，不局限于仅做一种简单飞行器。

三、改进与优化

在纸杯的材质和大小上有很大选择空间，可以选择质量差异较大的咖啡纸杯或塑料杯，以获得质量上的明显变化，让学生探究新变量下飞行器的运动情况。同时，对不同材质与硬度的纸杯飞行器进行测试也是从工程材料上对飞行器设计展开新的探究实践。

后 记

　　《青少年科学探究与实践》系列丛书中的各学段课程从设计到教学实践经过了 2 年的线下打磨、修改而最终成形。课程的推广与检验得到了南宁市多所小学的积极配合，在此感谢南宁市五象新区第四实验小学、南宁市友谊路小学、南宁市大学东路小学、南宁市友爱小学、南宁市龙岗北小学、南宁市星湖小学、南宁市文骅小学、南宁市江南小学、南宁市明秀东路小学等 9 所学校的大力支持。由本系列丛书中课程构建的科学实践课程体系成为广西科技馆科普助力"双减"的重要科普资源建设成果，同时作为广西科技馆支持广西全区市级、县级科技馆开展科学教育的重要资源，推动和完善广西现代科技馆体系建设的资源共享工作。

　　本系列丛书编写过程中听取了在教学实践中使用相关课程的教师的反馈意见，考虑到不同层次的学生群体在不同场合的使用需求，有意拓宽了一些课程的难易区间，以便于更多场合下的使用与教学。在编写课程到形成课程资源包的过程中，得到了业内同行的支持和帮助，在此感谢鲁文文、韦世峰、罗睿、黄加萍、黄东俊等老师的积极参与和大力支持！

广西全区实体科技馆资源分布图

（截至 2024 年 12 月 31 日已对外开放）

兴安县科技馆

富川瑶族自治县科技馆

钟山县科技馆

梧州市科技馆

玉林市科技馆

博白县科技馆

合浦县科技馆

三江侗族自治县科技馆

柳州科技馆

南丹县科技馆

罗城仫佬族自治县科技馆

宾阳县科技馆

南宁市科技馆

平果市科技馆

百色市科技馆

防城港市科技馆

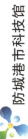
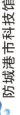